VERDADERA LIBERTAD

Copyright © 2024 por SycPub Global, LLC
Por Mike Riches

Todos los derechos reservados. Ninguna parte de esta publicación puede ser reproducida, almacenada o transmitida en forma o por medio alguno, ya sea electrónico, mecánico, fotocopia, grabación, etc., sin el permiso del editor, salvo lo que estipula la ley de copyright de los Estados Unidos.

1. No se pueden hacer cambios.
2. No se pueden hacer copias sin el permiso por escrito de SycPub Global, LLC.
3. Se pueden adquirir ejemplares adicionales del SycPub Global, LLC.

Cómo usar eficazmente este material:
En nombre de todos los que formamos parte del SycPub Global, LLC, oramos para que este material sea de gran bendición para usted, su familia y su iglesia. Deseamos que compartan libremente estos principios bíblicos con amigos y seres queridos, según Dios les dirija. No obstante, les rogamos que este material se use exclusivamente bajo la dirección de una autoridad espiritual digna de confianza en el cuerpo de su iglesia. Este manual tiene por objeto ser usado bajo la dirección de un instructor en un contexto de grupo; no ha sido concebido como texto para uso individual. También, les rogamos que se abstengan de hacer fotocopias sin permiso. Se puede obtener permiso para imprimir con tal que se solicite previamente. Gracias.

Los textos bíblicos (en castellano peninsular) marcados con las siglas NVI se han tomado de la Bi-blia, Nueva Versión Internacional © 2005 por la Sociedad Bíblica Internacional y la Sociedad Bíblica de España. Usados con permiso.

Los textos bíblicos anotados con las siglas RV (1960) se han tomado de la Santa Biblia, versión Reina-Valera, Sociedades Bíblicas Unidas © 1960.

Los textos bíblicos anotados con las siglas LBLA pertenecen a la Biblia de las Américas. ®, Copyright © 1986, 1995, 1997, por la Lockman Foundation. Usados con permiso.

Los textos bíblicos en los que no aparecen siglas pertenecen a la versión Reina Valera 1995, Sociedades Bíblicas Unidas © 1995.

Los pasajes de Escritura en negrita, o subrayados, tienen por objeto enfatizar algo o hacer hincapié.

Publicado por: SycPub Global, LLC
P.O. Box 158
Gig Harbor, Washington, 98335
USA
www.sycamorecommission.org

Pedidos a: Website: www.sycamorecommission.org
Email: info@sycamorecommission.org

Diseño del cuaderno: Brianna Showalter
Edición: Arlyn Lawrence, Inspira Literary Solutions, Gig Harbor, WA

ÍNDICE

[5] Introducción

[7] Sección Uno: Creados con un propósito

[17] Sección Dos: Recuperación de la libertad de Dios

[25] Sección Tres: Un mundo, dos esferas

[35] Sección Cuatro: El poder y la autoridad del creyente

[45] Sección Cinco: Fortalezas

[61] Sección Seis: Pecados generacionales, ataduras de alma y maldiciones

[75] Recursos

- [77] Ira
- [87] Temor e incredulidad
- [96] Insignificancia e inferioridad
- [102] Pasividad
- [107] Rechazo
- [114] Vergüenza y desesperanza
- [120] El derecho de primogenitura del cristiano
- [121] El amor y el perdón de Dios
- [122] Andar en el Espíritu opuesto

AGRADECIMIENTOS

Después de redactar varios proyectos, estoy convencido de que la página de agradecimientos es la más importante de una publicación. Eso es así porque el lector necesita saber que un manual como éste es mucho más que puras verdades objetivas impresas. Representa lecciones descubiertas y aprendidas en el contexto de la vida en una comunidad de personas. No hay manera de comunicar la profundidad de esta realidad. Muchas vidas han contribuido y satisfecho un precio significativo para lograr lo que usted tiene en sus manos.

Antes que nada quisiera reconocer y dar las gracias a la iglesia de Clover Creek Bible Fellowship (Destiny City Church a partir de julio de 2006), especialmente a los que participaron en el viaje de 1999 a 2004. Sois un grupo asombroso de personas. Cada día que pasa más cuenta me doy. Gracias por vuestra paciencia y deseos de aprender a lo largo de años que dieron de sí nuestra fe. Cuando las personas no entendían lo que Dios estaba haciendo en nuestro medio y hubo reacciones que os ofendieron, perseverasteis con admirable fortaleza.

Aunque este manual parezca limpio, sencillo y directo, sabemos que el proceso de aprendizaje no fue así. Aunque ser testigo del poder de Dios fue (y sigue siendo) una aventura y una bendición, nuestro proceso de aprendizaje fue exigente, desordenado y a veces doloroso. Lo que ganamos, aunque inestimable, a veces llegó con dolores de cabeza, tristeza y pérdidas. Parecía que cada semana se iniciaba una nueva aventura. Pasamos cientos de semanas aprendiendo de los mensajes dominicales y otras tantas horas en compañía, instruyéndonos y equipándonos, por no mencionar la práctica cotidiana de todo lo que aprendíamos. Tenéis y mantendréis un lugar muy especial en mi corazón y en mi vida.

Las verdades que Dios nos enseñaba fueron consolidándose en seminarios de fin de semana, y finalmente, simplificadas en el curso que denominamos Libertad Verdadera. Jon Graciano, tú cubriste más horas que ninguno, especialmente en los primeros días, enseñando este material, refinándolo, ofreciendo discernimiento y dirección a lo largo del camino. Probablemente enseñaste estas verdades en tus sueños nocturnos: GRACIAS. Lo mismo cabe decir a todos los que recorrieron el curso en aquellos primeros días: tenéis historias que contar, pero —lo más importante—, asombrosos testimonios de vidas transformadas.

Ha habido muchas iglesias que escribieron los primeros apuntes de Libertad Verdadera —vosotros discipulasteis a los vuestros en las verdades contenidas en este manual y nos proporcionasteis información muy útil a través de los años. Entre otros muchos, quiero particularmente dar las gracias a Joe Rhodes de la iglesia New Hope Church, Stuart Lees de Christ Church Fulham, Tim Humphrey de St. Barnabas Kensington, y Hugo y Ginny Cryer de Winchester Vineyard, por vuestro continuo diálogo y aportación.

Arlyn Lawrence, tu compromiso con este proyecto fue extraordinario. Sé que te sentiste motivada por un corazón plenamente entregado a estas verdades dadoras de vida. Tú experimentaste el poder transformador que estas verdades desataron en tu vida y tu familia. Practicaste gran cirugía en todos los aspectos de este proyecto y después trabajaste con la precisión de un relojero en el producto final. Gracias por la generosidad con que entregaste tu corazón, tus dones espirituales, y tus destrezas a este proyecto.

Gracias al Brianna Showalter por sus corazones de servicio y su ministerio, imbuidos de la mentalidad del reino, para dar a luz el plan original y la disposición de este manual.

Bendiciones,

Mike Riches

INTRODUCCIÓN

Dentro de usted hay otra persona. Oculta en su corazón hay una persona cuyo carácter es todo lo que puede imaginar y aún más. Esa persona es libre de temor, capaz de navegar y sortear todas las tormentas de la vida. Esta persona es compasiva, capaz de amar a toda la humanidad —desde los quebrantados a los vulgares y aburridos—. Esta persona está llena de gozo, aporta vida y esperanza a toda situación que le sobreviene. Esta persona declara la verdad, sabe que en un mundo necesitado de dirección, alguien debe audazmente mostrar el camino.

Esta persona que vive en usted es usted, su verdadero yo, la persona que su Creador quiso que fuera. Sin embargo, dado que vivimos en un mundo de pecado —un mundo de dolor, rechazo, abandono, violencia, injusticia, abuso, desilusión e intimidación—, esta persona que Dios quiso que usted fuera ha transigido y sido encarcelada. Ante opresores como el temor, la depresión, la ira, y la tristeza, usted ha sido esclavizado. Pero Jesús vino para librarle de las cosas que le han mantenido en la cárcel. Trajo libertad para darle una vida llena de gozo, compasión, amor y coraje —una vida que experimenta la presencia y el poder de Dios.

La «libertad» constituye el núcleo de la vida y mensaje de Jesucristo, y la misión de sus seguidores. De esto trata este curso: ayudarle a identificar dónde, por qué o cómo es que usted vive con ligaduras y esclavitud en vez de libertad y esperanza. A través del poder de Cristo, puede deshacer esas ataduras y obtener la libertad que Jesús adquirió para usted. Jesús dijo: «Conoceréis la verdad y la verdad os hará libres… si el Hijo os liberta, seréis verdaderamente libres» (Juan 8:32, 36). El apóstol Pablo enfatizó: «Cristo nos libertó para que vivamos en libertad» (Gálatas 5:1).

La «libertad» constituye el núcleo de la vida y mensaje de Jesucristo

Este curso trata de la «libertad». Pero no piense que sólo se trata de un curso, sino de una experiencia vital que le proporcionará destrezas y armas espirituales para conquistar la libertad, si es que se entrega plenamente a las verdades bíblicas que vaya descubriendo. Así pues, ¡láncese a la aventura!

Notas:

SECCIÓN UNO
Creados con un propósito

I. EL PLAN ORIGINAL DE DIOS

El plan original de Dios para nosotros fue que viviéramos eternamente con Él en perfecta unidad y comunión —sin tristeza, dolor, sufrimiento ni enfermedad—. Nos proyectó una vida sin tensión de relaciones, ataques de corazón, tristeza o vacío. Fuimos creados para alcanzar la plenitud, estar completos, llenos de gozo y en paz. Dios creó a la humanidad para que morara con Él.

A. DIOS NOS CREÓ PARA DISFRUTAR UNA RELACIÓN DE AMOR CON ÉL

Génesis 2:15 *Dios el Señor tomó al hombre y lo puso en el jardín del Edén para que lo cultivara y lo cuidara.*

Dios nos creó para vivir con Él en el jardín del Edén. Creó la humanidad y a cada uno de nosotros para esta clase de relación: habitar con el Dios del universo. En el jardín del Edén, el hombre estaba unido a su Creador. Dios podía derramar abundantemente su amor sobre Adán y Eva.

Eche un vistazo a los siguientes versículos y note el gran amor de Dios por nosotros:

Lamentaciones 3:22-23 *Por la misericordia de Jehová no hemos sido consumidos, porque nunca decayeron sus misericordias.*

Isaías 54:10 (NVI) *Aunque cambien de lugar las montañas y se tambaleen las colinas, no cam-biará mi fiel amor por ti ni vacilará mi pacto de paz, —dice el SEÑOR, que de ti se compadece.*

1 Pedro 2:9 (NVI) *Pero vosotros sois linaje escogido, real sacerdocio, nación santa, pueblo que pertenece a Dios, para que proclaméis las obras maravillosas de aquel que os llamó de las tinieblas a su luz admirable.*

Sofonías 3:17 (NVI) *Porque el SEÑOR tu Dios está en medio de ti como guerrero victorioso. Se deleitará en ti con gozo, te renovará con su amor, se alegrará por ti con cantos.*

Todos nosotros hemos sido creados para este propósito: amar y ser amados por Dios, cumplir las tareas y obligaciones para los cuales Él nos ha creado; ser amados, amar a otras personas y vivir existencias exentas de vergüenza y de condenación.

B. DIOS NOS CREÓ PARA UN PROPÓSITO

Génesis 2:15 *Dios el Señor tomó al hombre y lo puso en el jardín del Edén para que lo cultivara y lo cuidara*

Si examina de nuevo Génesis 2:15, verá que Dios tenía una tarea o propósito para Adán: debía trabajar en el jardín y cuidar de él. Dios concedió a Adán la responsabilidad y la autoridad de asegurarse que el jardín (y por inferencia, el mundo entero) estuviera bien cuidado. Las Escrituras contienen múltiples ejemplos de tareas y propósitos de personajes específicos. La Biblia enseña claramente que Dios tiene un propósito bien definido para cada uno de nosotros.

C. DIOS NOS CREÓ PARA VIVIR EN LIBERTAD

Génesis 2:25 *En ese tiempo el hombre y la mujer estaban desnudos, pero ninguno de los dos sentía vergüenza.*

Los seres humanos no fueron creados para vivir con vergüenza y condenación. Al principio no había cargas ni opresión en el mundo. No había vergüenza como consecuencia de experiencias personales; no había heridas en las relaciones. No había derrota ni oposición. Había libertad personal y victoria en la creación de Dios. Así fue como Él nos diseñó.

EL PLAN ORIGINAL DE DIOS[1]

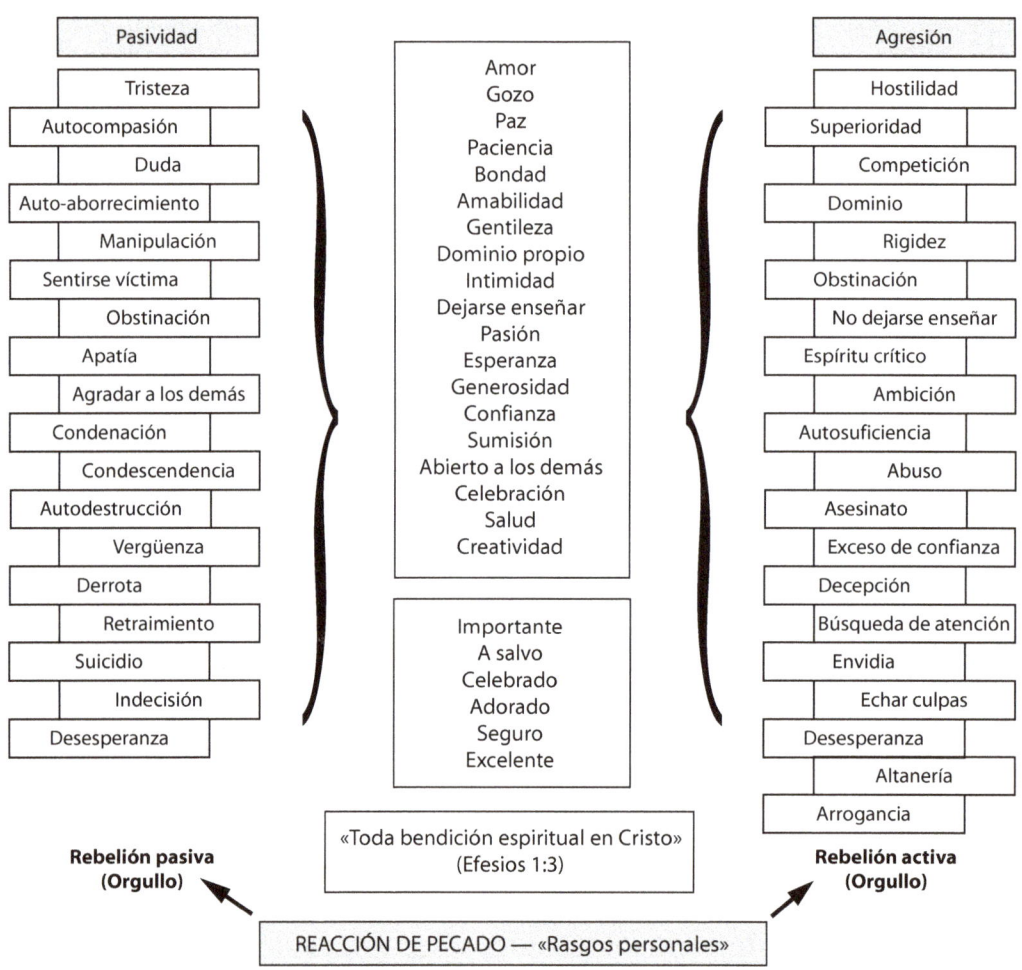

D. ¿VIVIMOS NUESTRA VIDA SEGÚN EL PLAN ORIGINAL DE DIOS?

Si examinamos de manera honesta nuestra vida y el mundo que nos rodea, notaremos que algo no ha ido bien, no una imagen que refleje el plan original de Dios. A nivel, individual, familiar, comunitario, nacional e internacional se observa muerte, asesinato, guerra y desastre. El panorama está lleno de abuso, abandono y dolor. Las vidas están llenas de tristeza, aflicción, vacío, futilidad y temor.

Si somos honestos, diríamos probablemente que algo anda mal en las vidas, comunidades, cultura y en el mundo. Muchos admitirán que sufrimos efectos de pasadas ataduras, temores y circunstancias. ¿Qué fue lo que se echó a perder? ¿Qué sucedió al plan original de Dios?

II. ¿POR QUÉ NO CUMPLIMOS EL PLAN ORIGINAL DE DIOS?

Génesis 3:1-13 *La serpiente era más astuta que todos los animales del campo que Jehová Dios había hecho, y dijo a la mujer: «¿Conque Dios os ha dicho: No comáis de ningún árbol del huerto»?*

La mujer respondió a la serpiente: —Del fruto de los árboles del huerto podemos comer, pero del fruto del árbol que está en medio del huerto dijo Dios: «No comeréis de él, ni lo tocaréis, para que no muráis».

Entonces la serpiente dijo a la mujer: —No moriréis. Pero Dios sabe que el día que comáis de él serán abiertos vuestros ojos y seréis como Dios, conocedores del bien y el mal.

Al ver la mujer que el árbol era bueno para comer, agradable a los ojos y deseable para alcanzar la sabiduría, tomó de su fruto y comió; y dio también a su marido, el cual comió al igual que ella. Entonces fueron abiertos los ojos de ambos y se dieron cuenta de que estaban desnudos. Cosieron, pues, hojas de higuera y se hicieron delantales.

Luego oyeron la voz de Jehová Dios que se pas-eaba por el huerto, al aire del día; y el hombre y su mujer se escondieron de la presencia de Jehová Dios entre los árboles del huerto. Pero Jehová Dios llamó al hombre, y le preguntó: —¿Dónde estás?

Él respondió: —Oí tu voz en el huerto y tuve miedo, porque estaba desnudo; por eso me escondí.

Entonces Dios le preguntó: —¿Quién te enseñó que estabas desnudo? ¿Acaso has comido del árbol del cual yo te mandé que no comieras?

El hombre le respondió: —La mujer que me diste por compañera me dio del árbol, y yo comí.

Entonces Jehová Dios dijo a la mujer: —¿Qué es lo que has hecho?

Ella respondió: —La serpiente me engañó, y comí.

Adán desobedeció a Dios. Por su desobediencia, fue privado de su derecho de primogenitura. Renunció a su derecho a vivir según el plan original de Dios.

Romanos 5:12 *Por tanto, como el pecado entró en el mundo por un hombre, y por el pecado la muerte, así la muerte pasó a todos los hombres, por cuanto todos pecaron.*

Por el pecado de Adán, todos nosotros heredamos una naturaleza pecaminosa.

Déficit de amor y mentiras básicas — Fundamentos de las fortalezas

Los seres humanos fueron diseñados para crecer sobre una base de amor y de verdad. Siempre que éstos faltan o son distorsionados aparecen, de alguna manera, una variedad de conductas o «posturas» que apartan el amor y la verdad de Dios y producen desajustes. Aquellas pueden levantar un muro de resistencia, engranarse en la personalidad, y resistir activamente la verdad que puede hacernos y que nos hará libres. Inhibe nuestra capacidad de vivir en el plan original de Dios y en su propósito para nosotros.

Esto trajo como consecuencia más pecado y vidas apartadas del plan original de Dios. El libro de Génesis presenta las consecuencias de este pecado y de la desobediencia a Dios.

A. SEPARACIÓN DE DIOS

Génesis 3:23 *Y lo sacó Jehová del huerto del Edén, para que labrase la tierra de que fue tomado.*

Todos y cada uno de nosotros nos hemos separado de Dios. Isaías 59:2 declara: «Pero vuestras iniquidades han hecho división entre vosotros y vuestro Dios». Los pecados que hemos cometido tienen que ser castigados y el castigo merecido es la muerte.

Romanos 6:23 (NVI) *Porque la paga del pecado es muerte, mientras que la dádiva de Dios es vida eterna en Cristo Jesús, nuestro Señor.*

Las Escrituras afirman que hay plenitud de gozo en la presencia de Dios. Nuestros pecados nos separan de ese gozo y esa presencia.

B. LA AUTORIDAD SOBRE SATANÁS USURPADA

Adán fue creado para dominar y gobernar la tierra (Génesis 1:28). Fue creado a imagen de Dios y recibió autoridad sobre todo lo que Jesús había hecho. Por aquel tiempo Satanás estaba sometido a la autoridad de Adán. Satanás engañó a Adán para que se levantara contra Dios y se sometiera a él. Al hacerlo, Adán entregó a Satanás las llaves de la autoridad sobre la humanidad y este mundo (Juan 12:31).

Salmo 8:4-6 *«¿Qué es el hombre para que tengas de él memoria, y el hijo del hombre para que lo visites?» Lo has hecho poco menor que los ángeles y lo coronaste de gloria y de honra. Lo hiciste señorear sobre las obras de tus manos; todo lo pusiste debajo de sus pies.*

Juan 12:31 *Ahora es el juicio de este mundo; ahora el príncipe de este mundo será echado fuera.*

C. FALTA DE PROPÓSITO

Génesis 3:19 *Con el sudor de tu rostro comerás el pan, hasta que vuelvas a la tierra, porque de ella fuiste tomado; pues polvo eres y al polvo volverás.*

En Génesis 2 vimos que Dios encomendó a Adán la tarea de cuidar del jardín. Ahora la vida de Adán parecía carente de sentido: procedía del polvo y volvería al mismo. Fue condenado por Dios a trabajar esforzada e inútilmente, sin sentido ni propósito.

D. RELACIONES PERSONALES COMPROMETIDAS

El plan de Dios fue que las relaciones humanas constituyeran el rasgo sobresaliente de la vida. En vez de ello, hubo contención entre hombres y mujeres: maridos y esposas se disputaron el control y se echaron la culpa mutuamente. Las relaciones entre hermanos se caracterizaron por la rivalidad.

Génesis 3:12 *¿Quién te enseñó que estabas desnudo? ¿Acaso has comido del árbol del cual yo te mandé que no comieras?*

Génesis 3:16 *A la mujer dijo: —Multiplicaré en gran manera los dolores en tus embarazos, con dolor darás a luz los hijos, tu deseo será para tu marido y él se enseñoreará de ti.*

Génesis 4:8 *Caín dijo a su hermano Abel: «Salgamos al campo». Y aconteció que estando ellos en el campo, Caín se levantó contra su hermano Abel y lo mató.*

E. ATADURAS PERSONALES Y SUFRIMIENTO

Génesis 3:8-10 *Luego oyeron la voz de Jehová Dios que se paseaba por el huerto, al aire del día; y el hombre y su mujer se escondieron de la presencia de Jehová Dios entre los árboles del huerto. Pero Jehová Dios llamó al hombre, y le preguntó: «¿Dónde estás?» Él respondió: «Oí tu voz en el huerto y tuve miedo, porque estaba desnudo; por eso me escondí».*

Adán y Eva se escondieron de Dios porque tuvieron miedo. (Pronto se apreciaron las consecuencias del pecado.) El temor y la vergüenza se colaron en la vida de Adán y él huyó de Dios.

Génesis 3:16-18 *A la mujer dijo: «Multiplicaré en gran manera los dolores en tus embarazos, con dolor darás a luz los hijos, tu deseo será para tu marido y él se enseñoreará de ti». Y al hombre dijo: «Por cuanto obedeciste a la voz de tu mujer y comiste del árbol de que te mandé diciendo: "No comerás de él", maldita será la tierra por tu causa; con dolor comerás de ella todos los días de tu vida, espinos y cardos te producirá y comerás plantas del campo».*

Ya en Génesis 3:16-18 se percibe una imagen de dolor y sufrimiento. Se empieza a apreciar sufrimiento en las relaciones entre las personas y en sus vidas. Por ejemplo, el plan de Dios no incluía la tristeza ni el dolor en el nacimiento, ni incluía dureza y futilidad en la lucha por la supervivencia.

F. SE PERDIÓ LA PLENITUD DE VIDA Y LA SALUD

El reino de Dios es vitalidad exultante y plenitud de vida y salud. La enfermedad y la muerte se deben al reino de Satanás. Génesis capítulo 4 está lleno de muerte y asesinato, frutos del pecado. Las cosas no debían ser así. Dios no diseñó una vida plagada de dolor, sufrimiento, angustia, tristeza, enfermedad y muerte.

Colosenses 2:13-15
(Dios) os dio vida juntamente con él (Cristo), perdonándoos todos los pecados

Génesis 3:16 *A la mujer dijo: —Multiplicaré en gran manera los dolores en tus embarazos, con dolor darás a luz los hijos, tu deseo será para tu marido y él se enseñoreará de ti.*

Génesis 4:8 *Caín dijo a su hermano Abel: «Salgamos al campo». Y aconteció que estando ellos en el campo, Caín se levantó contra su hermano Abel y lo mató.*

III. RESTAURACIÓN DE LO PERDIDO —UNA VIDA EN LIBERTAD

La «libertad verdadera» incluye la restauración del plan original de Dios y su propósito para las personas, familias e iglesias. También incluye recuperar la capacidad para vivir con esperanza, sentido y realización. En los próximos capítulos usted obtendrá entendimiento para vivir en libertad. He aquí un vistazo a lo que esto significa:

A. LIBRES DEL RECHAZO

Cuando Adán y Eva escogieron la autoridad de Satanás, recha-zaron a Dios, lo cual acarreó una separación de Él y de su presencia de justicia, bondad, y amor. A partir de entonces, el rechazo —y la subsistencia del mismo— formó parte integral de la existencia humana. El rechazo, en sus diversas expresiones, impregna nuestras vidas y relaciones.

Por el contrario, la «libertad verdadera» incluye la reconciliación con Dios y la plena aceptación en Jesucristo.

Colosenses 1:19-20 (RV 1960) *Por cuanto agradó al Padre que en él habitase toda plenitud, y por medio de él reconciliar consigo todas las cosas, así las que están en la tierra como las que están en los cielos, haciendo la paz mediante la sangre de su cruz.*

2 Corintios 5:18-19 (NVI) *Todo esto proviene de Dios, quien por medio de Cristo nos reconcilió consigo mismo y nos dio el ministerio de la reconciliación: esto es, que en Cristo, Dios estaba reconciliando al mundo consigo mismo, no tomándole en cuenta sus pecados y encargándonos a nosotros el mensaje de la reconciliación.*

B. LIBERTAD DE LA CULPA, LA CONDENACIÓN Y LA VERGÜENZA

Después que Adán pecó se escondió de Dios porque sintió vergüenza (Génesis 3:7). Eva y él experimentaron por primera vez culpa y condenación. Sin una relación redentora con Jesucristo, nosotros conocemos también la culpa, la vergüenza y la condenación que produce nuestro pecado. Esto hace muchas veces que vivamos toda clase de conducta destructiva para con nosotros y para con los demás.

La «libertad verdadera» significa haber recibido el perdón de pecados, tener paz con Dios y con el hombre y no padecer vergüenza.

Romanos 8:1 (RV 1960) *Ahora, pues, ninguna condenación hay para los que están en Cristo Jesús.*

C. LIBERTAD DEL TEMOR Y LA ANSIEDAD

Otra consecuencia del pecado de Adán y Eva es que ellos experimentaron temor (y la ansiedad que lo acompaña), mientras que antes habían disfrutado de bienestar, protección, provisión y atención personal. Adán respondió a Dios alegando que cuando oyó que Él se aproximaba tuvo temor (Génesis 3:10). Eso nunca había sucedido antes. Más adelante, Caín, hijo de Adán y Eva manifestó a Dios su ansiedad al sentirse vulnerable y desprotegido (Génesis 4:13-14). Eso tampoco había sucedido antes. Se originó por causa del pecado y ha importunado a la psique humana desde entonces. El plan de Dios para nosotros es que vivamos libres de temor y ansiedad.

«Verdadera libertad» significa aprender a vivir una vida de paz, confianza y fe.

2 Timoteo 1:7 (RV 1960) *Porque no nos ha dado Dios espíritu de cobardía, sino de poder, de amor y de dominio propio.*

Filipenses 4:6-7 (RV 1960) *Por nada estéis afanosos, sino sean conocidas vuestras peticiones delante de Dios en toda oración y ruego, con acción de gracias. Y la paz de Dios, que sobrepasa todo entendimiento, guardará vuestros corazones y vuestros pensamientos en Cristo Jesús.*

D. LIBERTAD DE LA ESCLAVITUD A LA ENFERMEDAD Y EL SUFRIMIENTO

La enfermedad, el sufrimiento y la muerte no fueron parte del plan original de Dios para la humanidad. Dios puede usarlos y los usa para cumplir sus propósitos y objetivos gloriosos en nuestra vida. Pero la venida del reino de Dios a través de la vida, muerte y resurrección de Jesucristo incluye la realidad de la sanidad física y la restauración de la dignidad de las personas mediante dicha sanidad

La «libertad verdadera» significa aprender a asumir la autoridad de Jesús sobre la enfermedad y la dolencia.

Mateo 8:16-17 (RV 1960) *Y cuando llegó la noche, trajeron a él muchos endemoniados; y con la palabra echó fuera a los demonios, y sanó a todos los enfermos; para que se cumpliese lo dicho por el profeta Isaías, cuando dijo: El mismo tomó nuestras enfermedades, y llevó nuestras dolencias.*

Hechos 10:38 (RV 1960) *…Cómo Dios ungió con el Espíritu Santo y con poder a Jesús de Nazaret, y cómo éste anduvo haciendo bienes y sanando a todos los oprimidos por el diablo, porque Dios estaba con él.*

E. LIBRES DEL JUICIO Y EL TEMOR A LA MUERTE

La muerte fue otra consecuencia de la desobediencia de Adán y Eva. Hay varias dimensiones de la muerte: espiritual, física, de relación y emocional. Es el juicio final de la humanidad caída para estar eternamente separada de Dios —la muerte definitiva—. Sin una relación redentora con Jesucristo, la humanidad vive bajo el poder y el temor paralizante de la sombra de muerte.

Aunque todos morimos físicamente (a menos que él Señor regrese antes), el juicio y el temor a la muerte se conquistan en Jesucristo.

Parte de la «libertad verdadera» consiste en ser librado del juicio y el temor a la muerte.

Hebreos 2:14-15 (RV 1960) *Así que, por cuanto los hijos participaron de carne y sangre, él también participó de lo mismo, para destruir por medio de la muerte al que tenía el imperio de la muerte, esto es, al diablo, y librar a todos los que por el temor de la muerte estaban durante toda la vida sujetos a servidumbre.*

F. LIBRES DEL DOMINIO Y LA OPRESIÓN DE SATANÁS

Jesús vino a destruir las obras del diablo y a despojarle de todo su poder y autoridad sobre la humanidad. Hemos visto que cuando Adán y Eva obedecieron a Satanás y desobedecieron a Dios, entregaron a aquél autoridad y dominio sobre ellos. No obstante, cuando Jesucristo murió en la cruz y resucitó de los muertos, él derrotó al pecado y el poder del juicio del pecado. Destruyó la autoridad de Satanás y le despojó de su poder.

La «libertad verdadera» significa vivir y ejercer nuestra autoridad sobre Satanás y su poder sobre nuestras vidas.

Colosenses 2:13-15 *…Os dio vida juntamente con él, perdonándoos todos los pecados…Y despojó a los principados y a las autoridades y los exhibió públicamente, triunfando sobre ellos en la cruz.*

1 Juan 3:8 (RV 1960) *Para esto apareció el Hijo de Dios, para deshacer las obras del diablo.*

IV. UN VISTAZO PREVIO DE LA SENDA QUE CONDUCE A LA LIBERTAD VERDADERA

La buena noticia es que la historia no termina con lo que la humanidad y la creación perdieron en la Caída. Jesucristo proclamó que había venido a «buscar y salvar lo que se había perdido». Note que este pasaje dice que Jesús vino a buscar y salvar (restaurar, sanar) lo que se había perdido o aquello que se había perdido, no solamente a quien se había perdido. Jesús vino para iniciar la obra de restauración que comienza con la relación de la humanidad con Dios, pero que se extiende más allá, hasta la restauración definitiva de todo lo perdido por el pecado de Adán.

Todo lugar al que Satanás procuró llevar destrucción, corrupción y esclavitud al pecado, la vida y ministerio de Jesucristo trata de restaurar con plenitud, sanidad y libertad. Esta obra de restauración se comple-

tará definitivamente en el cielo, pero nuestra vida libertada ciertamente comienza en la salvación (Colosenses 2:13-15).

Hay varias verdades estratégicas para transitar por la senda de la libertad verdadera, con el poder y la plenitud que Dios diseñó para que anduviéramos. Nos referiremos a estas verdades en las próximas semanas, pero examinaremos brevemente una verdad particular que nos ayudará a emprender la jornada: la libertad que nace del arrepentimiento.

A. ENTENDIMIENTO Y PRÁCTICA DEL ARREPENTIMIENTO

1. Arrepentimiento es abandonar el pecado

Marcos 1:14-15 (NVI) *Después de que encarcelaran a Juan, Jesús se fue a Galilea a anunciar las buenas nuevas de Dios. «Se ha cumplido el tiempo —decía—. El reino de Dios está cerca. ¡Arrepentíos y creed las buenas nuevas!»*

Hechos 3:19 (NVI) *Por tanto, para que sean borrados vuestros pecados, arrepentíos y volveos a Dios, a fin de que vengan tiempos de descanso de parte del Señor.*

2. Deténgase, dése la vuelta y ande en la dirección opuesta

Para arrepentirnos tenemos que:

a. reconocer el pecado y confesarlo.

1 Corintios 15:34 (NVI) *Volved a vuestro sano juicio, como conviene, y dejad de pecar. En efecto, hay algunos de vosotros que no tienen conocimiento de Dios; para vergüenza vuestra lo digo.*

1 Juan 1:9 (NVI) *Si confesamos nuestros pecados, Dios, que es fiel y justo, nos los perdonará y nos limpiará de toda maldad.*

b. renovar la mente en la verdad.

Romanos 12:2 (NVI) *No os amoldéis al mundo actual, sino sed transformados mediante la renovación de vuestra mente. Así podréis comprobar cuál es la voluntad de Dios, buena, agradable y perfecta.*

c. abandonar el pecado.

2 Timoteo 2:19 (NVI) *«Que se aparte de la maldad todo el que invoca el nombre del Señor».*

d. hacer lo opuesto

Efesios 4:28 (NVI) *El que robaba, que no robe más, sino que trabaje honradamente con las manos para tener qué compartir con los necesitados.*

B. ORACIÓN DE ARREPENTIMIENTO

1. Arrepiéntase y reciba (arrepiéntase y reciba el perdón de Dios)

Sométase humildemente a Dios en arrepentimiento y reciba su perdón por medio de la muerte de Cristo y su resurrección. Esto puede incluir el perdonar y el pedir perdón

2 Crónicas 7:14 *Si se humilla mi pueblo, sobre el cual mi nombre es invocado, y oran, y buscan mi rostro, y se convierten de sus malos caminos; entonces yo oiré desde los cielos, perdonaré sus pecados y sanaré su tierra.*

Hechos 3:19 *Así que, arrepentíos y convertíos para que sean borrados vuestros pecados; para que vengan de la presencia del Señor tiempos de consuelo.*

2. Reprenda y Renuncie (reprenda a los seres demoníacos y renuncie a las mentiras que contradicen la verdad de Dios)

Resista a los seres demoníacos y repréndalos para que abandonen las fortalezas de su vida con la autoridad y el poder de la muerte y resurrección de Jesucristo. En la autoridad de Dios, renuncie a cualquier mentira acerca de usted, Dios o los otros.

Mateo 4:10 *Entonces Jesús le dijo: «Vete, Satanás, porque escrito está: "Al Señor tu Dios adorarás y solo a él servirás"».*

Lucas 10:17, 19-20 *Regresaron los setenta con gozo, diciendo: «¡Señor, hasta los demonios se nos sujetan en tu nombre!» Os doy potestad de pisotear serpientes y escorpiones, y sobre toda fuerza del enemigo, y nada os dañará. Pero no os regocijéis de que los espíritus se os sujetan, sino regocijaos de que vuestros nombres están escritos en los cielos.*

3. Reemplace y Renueve (confiese su compromiso a andar en la verdad y renueve su mente en la verdad)

Acérquese a Dios mediante el lavamiento de manos de una conducta pecaminosa y de una mente de doblez a la devoción a Dios. Reemplácela con devoción pura y sincera obediencia a Dios. Pida a Dios que renueve su corazón, su mente, sus emociones y su voluntad con el poder del Espíritu Santo.

Efesios 4:22-24 *En cuanto a la pasada manera de vivir, despojaos del viejo hombre, que está corrompido por los deseos engañosos, renovaos en el espíritu de vuestra mente, y vestíos del nuevo hombre, creado según Dios en la justicia y santidad de la verdad.*

4. Reciba y Regocíjese (reciba la obra de plenitud del Espíritu Santo)

Reclame y reciba por fe el poder/la obra de plenitud del Espíritu Santo para andar en sus caminos. Gócese en la gracia y la paz abundante que son suyas en el Espíritu Santo.

Tito 3:4-6 *Pero cuando se manifestó la bondad de Dios, nuestro Salvador, y su amor para con la humanidad, nos salvó, no por obras de justicia que nosotros hubiéramos hecho, sino por su misericordia, por el lavamiento de la regeneración y por la renovación en el Espíritu Santo, el cual derramó en nosotros abundantemente por Jesucristo, nuestro Salvador.*

---

1. Diagrama cortesía del manual *Transforming Life* de la iglesia San Bernabé de Kensington, Londres, Inglaterra.

Notas: _____

SECCIÓN DOS
Recuperación de la libertad de Dios

¿Cómo hallaremos la «libertad» que Dios desea que tengamos? ¿Hay una palabra especial a declarar, una oración que hacer o penitencia que cumplir? Tristemente, muchos sistemas religiosos han procurado adquirir libertad espiritual haciendo precisamente eso. Pero la realidad es que la libertad verdadera comienza con una persona: Jesucristo.

A lo largo del Nuevo Testamento vemos que sólo a través de Jesucristo podemos ser restaurados para volver a nuestro Padre celestial. Sólo a través de Él podemos experimentar libertad verdadera en el poder y el amor de Dios —una libertad que Dios adquirió para nosotros al gran precio de la sangre de su propio Hijo.

Efesios 1:7 *En él tenemos redención por su sangre, el perdón de pecados según las riquezas de su gracia.*

Estamos perdidos y el propósito de Dios para nosotros también se ha perdido, pero esto no es lo que Él desea. Dios quiere restaurar su plan original para su creación.

I. LA OBRA DE DIOS

A. DIOS ENVIÓ A SU HIJO PARA COMPRAR NUESTRA LIBERTAD

Dios ha dispuesto provisión para que la humanidad recupere lo que perdió enviando a su Hijo Jesucristo a la tierra a morir por nuestros pecados y devolvernos a una relación con Él.

1. Las Buenas Nuevas: Jesús me amó tanto que murió por mis pecados

Juan 3:16 (NVI) *Porque tanto amó Dios al mundo, que dio a su Hijo unigénito, para que todo el que cree en él no se pierda, sino que tenga vida eterna.*

Lucas 19:10 (NVI) *Porque el Hijo del hombre vino a buscar y a salvar lo que se había perdido.*

Juan 8:36 (NVI) *Así que si el Hijo os libera, seréis verdaderamente libres.*

Juan 10:10 (NVI) *El ladrón no viene más que a robar, matar y destruir; yo he venido para que tengan vida, y la tengan en abundancia.*

1 Juan 3:8 (NVI) *El que practica el pecado es del diablo, porque el diablo ha estado pecando desde el principio. El Hijo de Dios fue enviado precisamente para destruir las obras del diablo.*

2. Es necesario recibir a Jesucristo como Señor y Salvador

Aunque Dios ha hecho la obra completa y nece-saria para que recibamos la salvación, hay un papel que los seres humanos tienen que jugar. Debemos involucrarnos en el proceso para poder recibir la vida eterna y creer para recibir esta nueva vida mediante un nuevo nacimiento. Entonces, y sólo entonces, podremos andar en verdadera libertad.

Juan 1:12-13 (NVI) *Mas a cuantos lo recibieron, a los que creen en su nombre, les dio el derecho de ser hijos de Dios. Éstos no nacen de la sangre, ni por deseos naturales, ni por voluntad humana, sino que nacen de Dios.*

B. SALVACIÓN ES COMPLETA RESTAURACIÓN DE VIDA

¿Cuál fue el propósito del ministerio de Jesús?

Lucas 19:10 *Porque el Hijo del hombre vino a buscar y a salvar lo que se había perdido.*

Cuando se recibe a Jesucristo como Señor y Salvador, se recibe la salvación; se es «salvo». Pero, ¿qué significa esto?

Obtendremos una imagen más completa de la salvación si consideramos varias formas de la palabra griega sozo (que se traduce por «salvar» en Lucas 19:10). Esta palabra comunica un significado más completo de la salvación como liberación, restauración, protección, preservación, sanidad e integración. Estos términos ayudan a entender lo que Jesús tuvo en mente cuando vino a ministrar salvación.

1. Restauración de la relación con Dios

Romanos 10:9 *Si confiesas con tu boca que Jesús es el Señor y crees en tu corazón que Dios lo levantó de entre los muertos, serás salvo.*

Volvemos a encontrarnos con nuestro Creador y se nos concede la oportunidad de vivir con Él de nuevo en la eternidad. Se nos perdona la deuda del pecado y somos restaurados en Cristo Jesús.

2. Restauración de nuestro propósito

2 Timoteo 1:9 (NVI) *Pues Dios nos salvó y nos llamó a una vida santa, no por nuestras propias obras, sino por su propia determinación y gracia. Nos concedió este favor en Cristo Jesús antes del comienzo del tiempo.*

Efesios 2:10 (RV 1960) *Porque somos hechura suya, creados en Cristo Jesús para buenas obras, las cuales Dios preparó de antemano para que anduviésemos en ellas.*

Nuestro propósito es restaurado; descubrimos que Él nos ha llamado a cada uno para llevar a cabo una asignación grande y magnífica. Al igual que a Adán, Dios nos creó con un plan y un destino. Por su poder y su restauración se nos concede la oportunidad de volver a unirnos a Él y participar en su plan.

3. Restauración del azote del tormento espiritual o demoníaco sufrido

Lucas 8:36 (NVI) *Los que habían presenciado estas cosas le contaron a la gente cómo el endemoniado había sido sanado.*

Efesios 2:4-5
Pero Dios, que es rico en misericordia, por su gran amor con que nos amó, aun estando nosotros muertos en pecados, nos dio vida juntamente con Cristo (por gracia sois salvos).

Jesús sana toda obra del enemigo en nuestra vida. Nos libra de toda opresión que podamos estar experimentando.

Lucas 7:50 *Pero él dijo a la mujer: «Tu fe te ha salvado; ve en paz».*

Jesús restaura toda nuestra vida. Por su poder podemos escapar de la esclavitud causada por el pecado. Él nos libera de las experiencias y heridas pasadas y nos guía a una ¡vida de libertad!

4. Restauración del cuerpo físico

Marcos 10:52 (NVI) *Puedes irte —le dijo Jesús—; tu fe te ha sanado. Al momento recobró la vista y empezó a seguir a Jesús por el camino.*

La restauración de Jesús incluye la sanidad física. En el Nuevo Testamento se observa vez tras vez cómo Jesús impartió restauración y sanidad a los cuerpos de la gente.

C. LA SALVACIÓN ES INMEDIATA Y CONTINUA

Hebreos 10:14 (NVI) *Porque con un solo sacrificio ha hecho perfectos para siempre a los que está santificando.*

1. Entendimiento de las promesas de la salvación

La salvación bíblica promete liberación del castigo del pecado, del poder del pecado, y de la presencia manifiesta del pecado en nuestra vida.

Dios le ve HOY con su yo restaurado.

2 Corintios 5:17 (NVI) *Por lo tanto, si alguno está en Cristo, es una nueva creación. ¡Lo viejo ha pasado, ha llegado ya lo nuevo!*

2. Reconocimiento de que, posicionalmente, la salvación es una obra terminada, aunque, prácticamente, es una obra continua

La plenitud de Jesucristo es depositada en nosotros en la salvación. Su carácter se va modelando en nuestra vida en justicia, santidad y amor.

La vida cristiana es un proceso de crecimiento hasta alcanzar esa libertad. Cada uno tiene la responsabilidad de «llevar a cabo» su salvación.

Filipenses 2:12 (NVI) *Así que, mis queridos hermanos, como habéis obedecido siempre —no sólo en mi presencia sino mucho más ahora en mi ausencia— llevad a cabo vuestra salvación con temor y temblor.*

II. LA RESPONSABILIDAD DE LA HUMANIDAD

El gran don de la salvación es plan y obra de Dios; depende de Él y sólo se puede realizar por Él. Nosotros no tenemos la capacidad de ser justos como Dios es justo, pero tenemos responsabilidad en la transacción de la salvación. Se podría calificar de «cooperación humana-divina», en la que una obra que sólo Dios puede hacer sólo se puede iniciar cuando una persona ejerce su responsabilidad. Dios expone esto en Juan 1:12, donde dice: «Mas a todos los que lo recibieron, a quienes creen en su nombre, les dio potestad de ser hechos hijos de Dios».

A. EL EJERCICIO DE LA TRANSACCIÓN ESPIRITUAL DE LA SALVACIÓN

1. Dios es santo y justo; nosotros no

En primer lugar, hay que reconocer que Dios es santo y justo y que usted no ha vivido según su norma de justicia. Al contrario, todos hemos pecado contra Dios y violado su persona y su verdad. Dios es un Dios justo y debe responder con justicia al pecado. Por lo tanto, esto nos coloca bajo el juicio eterno de Dios, eternamente separados de Él por toda la eternidad, en un lugar de castigo.

Romanos 3:10-12 (NVI) *Así está escrito: «No hay un solo justo, ni siquiera uno; no hay nadie que entienda, nadie que busque a Dios. Todos se han descarriado, a una se han corrompido. No hay nadie que haga lo bueno; ¡no hay uno solo!»*

2. Dios es amor y envió a su Hijo a pagar por nuestro pecado

En segundo lugar, usted debe recibir personalmente la verdad de que el amor de Dios es infinito. Movido por su gran amor por usted, él envió a su Hijo Jesucristo a la tierra y se hizo hombre para vivir sin pecado. Después, en su justicia, murió injustamente en la cruz. Esto lo hizo para satisfacer la pena y el castigo por el pecado de la humanidad contra Dios, de manera que Él pudiera perdonar en justicia a todo hombre, mujer y niño que le recibiera. Jesús resucitó luego de los muertos para demostrar que Él había derrotado a Satanás, la muerte y el pecado y satisfecho la justicia divina por el pecado.

Tito 3:3-5 (NVI) *En otro tiempo también nosotros éramos necios y desobedientes. Estábamos descarriados y éramos esclavos de todo género de pasiones y placeres. Vivíamos en la malicia y en la envidia. Éramos detestables y nos odiábamos unos a*

Santiago 4:7-10 (NVI)
Así que someteos a Dios. Resistid al diablo, y él huirá de vosotros. Acercaos a Dios, y él se acercará a vosotros. ¡Pecadores, limpiaos las manos! ¡Vosotros los inconstantes, purificad vuestro corazón! Reco-noced vuestras miserias, llorad y lamentaos. Que vuestra risa se convierta en llanto, y vuestra alegría en tristeza. Humillaos delante del Señor, y él os exaltará.

otros. Pero cuando se manifestaron la bondad y el amor de Dios nuestro Salvador, él nos salvó, no por nuestras propias obras de justicia sino por su misericordia. Nos salvó mediante el lavamiento de la regeneración y de la renovación por el Espíritu Santo.*

3. Recibimos nueva vida por gracia mediante la fe y la confesión

En tercer lugar, usted tiene que ejercer la fe y, basándose en esa fe, hacer ciertas resoluciones y declaraciones con su voluntad y con su boca. Si usted cree las verdades bíblicas antes mencionadas, debe aplicarlas en oración. Si lo hace, será salvo, sus pecados serán perdonados y será libre para vivir eternamente con Dios en el cielo. Y podrá comenzar a experimentar la libertad, el amor y el poder de Dios en su vida.

Romanos 10:9, 10 *Si confiesas con tu boca que Jesús es el Señor y crees en tu corazón que Dios lo levantó de entre los muertos, serás salvo, porque con el corazón se cree para justicia, pero con la boca se confiesa para salvación.*

Romanos 10:13 (RV 1960) *Porque todo aquel que invocare el nombre del Señor, será salvo.*

4. Recibimos la justicia y la vida de Jesús

En cuarto lugar, usted intercambia su pecado por la justicia de Jesús. Cuando Dios le mira, ya no ve su pecado. Ve más bien la pureza de su propio Hijo. Esto es así porque Jesucristo, justo en su naturaleza y en su vida, fue capaz de pagar el castigo y el precio del pecado de la humanidad a favor nuestro. En consecuencia, en la transacción espiritual de la salvación, mediante un acto de fe, los pecadores pueden intercambiar la culpa de su pecado por la justicia de Jesús.

2 Corintios 5:21 (RV 1960) *Al que no conoció pecado, por nosotros lo hizo pecado, para que nosotros fuésemos hechos justicia de Dios en él.*

¿Ha abierto la cadena de la muerte espiritual y recibido salvación por fe en Jesucristo? Si no, ¿por qué no? Puede orar para ser libre ¡ahora mismo! Lo único que necesita es:

- ✓ admitir que es esclavo del pecado, que está separado de Dios y que es incapaz de salvarse a sí mismo.
- ✓ confesar su pecado a Dios y pedirle perdón.
- ✓ creer que la muerte de Jesús en la cruz y su resurrección de los muertos pagaron el castigo que merecía su pecado y le aseguraron vida eterna y libertad.
- ✓ recibir el perdón de Dios y su libertad por fe y comenzar a vivir como conviene. Resuelva que de ahora en adelante reconoce que Jesús es el líder de su vida, a quien se somete y obedece.

Juan 3:16 *De tal manera amó Dios al mundo, que ha dado a su Hijo unigénito, para que todo aquel que en él cree no se pierda, sino que tenga vida eterna.*

Efesios 2:4-5 *Pero Dios, que es rico en misericordia, por su gran amor con que nos amó, aun estando nosotros muertos en pecados, nos dio vida juntamente con Cristo (por gracia sois salvos).*

Si usted desea ser un hijo de Dios restaurado mediante la fe en Jesucristo, puede hacer la siguiente oración con sinceridad y convicción:

Querido Padre celestial: Yo creo que tú eres absolutamente santo y justo, y requieres que yo sea justo según tu norma de justicia. También sé y confieso que soy un pecador y que peco. No he dado la talla de tu santidad. También creo que eres un Dios de amor que enviaste a tu Hijo Jesucristo a morir para castigar mi pecado. Yo creo que Jesucristo es verdadera y plenamente Dios y que vivió en la tierra verdadera y plenamente como ser humano. Yo creo que él vivió sin pecado y que fue absolutamente santo. Creo que Jesús murió en la cruz para pagar el castigo de mi pecado y que resucitó de los muertos, demostrando que conquistó el pecado y satisfizo su juicio contra mi pecado. En fe y por tu gracia te pido que perdones mi pecado y me recibas como tu hijo, totalmente perdonado con la justicia de Jesucristo y restaurado para relacionarme contigo. Recibo tu perdón y declaro que viviré buscando continuamente volverme de mi pecado y me aplicaré a una gozosa obediencia a ti como Líder y Salvador de mi vida. Amén.

B. EFECTUANDO UNA TRANSACCIÓN ESPIRITUAL EN PODER REAL, NO CON MERAS PALABRAS

1 Corintios 4:20 (NVI) *Porque el reino de Dios no es cuestión de palabras sino de poder.*

Jesucristo propició la obra del perdón en la cruz. En el ámbito espiritual se produce una transacción cuando aceptamos a Jesús y elevamos una oración como la precedente —una transacción que tiene efectos de largo alcance—. Este poder se mantiene mientras andamos en obediencia. Al examinar el proceso de una vida según el plan original de Dios y su libertad, es importante notar lo siguiente:

- ✓ No podemos recibir libertad de la auto-ayuda o el pensamiento positivo.
- ✓ No podemos ganarnos la libertad ni luchar por ella.
- ✓ No podemos producir cambio duradero por mera voluntad humana.
- ✓ No podemos hacer desaparecer las ataduras.

PRECISAMOS HACER UNA TRANSACCIÓN ESPIRITUAL

En la vida cotidiana, cuando se llega a un acuer-do comercial, se firma un contrato y se sella ante un notario público. La propiedad o la riqueza se transfieren y se respaldan por una autoridad garante. De un modo similar, a nivel espiritual, cuando un seguidor de Jesucristo hace una resolución de su voluntad basada en la verdad y una declaración plena de fe con sus palabras, queda sellada por la Autoridad última del universo. La transacción espiritual se efectúa y queda sellada. Tiene lugar una transacción espiritual en el ámbito espiritual que produce un efecto correspondiente en el ámbito físico o natural.

Un ejemplo es cuando una persona recibe a Jesucristo como su Señor y Salvador. Esa persona ora con convicción de corazón, y tiene lugar una transacción que es sellada por el poder de Dios (Romanos 10:9). Usted observa el resultado de esto en una vida transformada en el ámbito natural (2 Corintios 5:17; Gálatas 2:20). Lo mismo sucede con las oraciones de arrepentimiento —tiene lugar una transacción espiritual que acarreará efectos en el ámbito natural.

C. ENTENDIMIENTO Y EJERCICIO DEL ARREPENTIMIENTO

Las Escrituras enseñan que el arrepentimiento es un don concedido por Dios. No obstante, la palabra arrepentimiento suele provocar reacciones negativas e incluso ásperas. El arrepentimiento, desgraciadamente, es muchas veces descuidado, ignorado, temido y malentendido.

La realidad es que el arrepentimiento es un don hermoso de la gracia de Dios a la humanidad. Es la antesala por la que podemos entrar en el poder y el gozo de una vida transformada. Es la llave que abre la puerta al preciado destino divino para nosotros. Nos introduce a la restauración y el rejuvenecimiento. El abrazar una vida en estado constante de arrepentimiento conduce a la salvación, la vida y la libertad.

D. TODO TIENE QUE VER CON EL CORAZÓN (SANTIAGO 4)

1. Un corazón de humildad

Humíllese:

Santiago 4:6 *Pero él da mayor gracia. Por esto dice: «Dios resiste a los soberbios y da gracia a los humildes».*

Santiago 4:10 *Humillaos delante del Señor y él os exaltará.*

2. Un corazón de sumisión

Sométase a Dios:

Santiago 4:7-9 (NVI) *Así que someteos a Dios. Resistid al diablo, y él huirá de vosotros. Acercaos a Dios, y él se acercará a vosotros. ¡Pecadores, limpiaos las manos! ¡Vosotros los inconstantes, purificad vuestro corazón! Reconoced vuestras miserias, llorad y lamentaos. Que vuestra risa se convierta en llanto, y vuestra alegría en tristeza.*

3. Un corazón de confesión y arrepentimiento

Confiese el pecado:

Santiago 4:8b-9 (NVI) *¡Pecadores, limpiaos las manos! ¡Vosotros los inconstantes, purificad vuestro corazón! Reconoced vuestras miserias, llorad y lamentaos…*

4. Un corazón de resistencia agresiva

Resista al diablo:

Santiago 4:7 (NVI) *Así que someteos a Dios. Resistid al diablo…*

5. La promesa: él huirá

Santiago 4:7 (NVI) *…Resistid al diablo y él huirá de vosotros…*

E. ORACIÓN DE ARREPENTIMIENTO

Cuando confesamos y declaramos la verdad en la autoridad de Jesucristo tiene lugar una transacción espiritual. Es similar a lo ocurrido cuando usted oró para recibir la salvación: se produjo una transacción cuyos efectos fueron tangibles.

En su búsqueda de libertad, al recuperar el terreno que el enemigo había ocupado en su vida, usted puede hacer una transacción espiritual resistiendo al enemigo. Repréndale; ejercite su autoridad sobre él. La Palabra de Dios promete que él huirá. Satanás huyó cuando Jesús le reprendió. Sus demonios también huirán cuando usted les reprenda (Lucas 10:17, 19; Santiago 4:7).

El modelo de oración que llamamos de las «4 erres» sintetiza los principios del capítulo 4 de Santiago. Este modelo puede ayudarnos a abrazar los principios de Santiago 4 de una manera práctica y memorable. Vimos este modelo en el último capítulo; a él haremos referencia a lo largo de este curso.

En breve resumen, las «4 erres» incluyen (véase el capítulo uno para un esbozo completo):

1. **Arrepiéntase** y reciba el perdón del Señor.

2. **Reprenda** la influencia demoníaca, y renuncie a las mentiras que contradicen a la verdad de Dios.

3. **Reemplace** la mentira o conducta pecaminosa por lo verdadero y justo, y renueve su mente en la Palabra de Dios.

4. **Reciba** la obra de plenitud del Espíritu de Dios ¡y regocíjese!

F. LA PRÁCTICA DEL ARREPENTIMIENTO COMO ESTILO DE VIDA

¿Por qué nos resistimos a que se revele nuestro pecado?

- ✓ Orgullo: porque nos gusta creer que somos mejores de lo que realmente somos (justicia propia).
- ✓ Temor: porque tememos ser expuestos, rechazados y castigados por Dios y el hombre.
- ✓ Incredulidad: porque no confiamos en que Dios nos va a tratar conforme a su misericordia y nos va a liberar.
- ✓ Control: queremos mantener el control y manejarlo nosotros mismos (rebelión).

Pensamientos prácticos

- ✓ Estamos perdonados, aceptados y seguros en Cristo — este es el fundamento de nuestra vida.
- ✓ No buscamos el pecado ni nos centramos en él ni en el legalismo.
- ✓ Permitimos que el Espíritu Santo nos convenza de pecado y luego tratamos el asunto rápidamente.
- ✓ Nunca tendremos que apartarnos de Dios. Su perdón es inmediato y completo.

Notas: _____
_____
_____
_____
_____
_____
_____
_____
_____
_____
_____
_____
_____
_____
_____
_____
_____
_____
_____
_____
_____
_____

SECCIÓN TRES
Un mundo, dos esferas

I. NUESTRO MUNDO TIENE DOS ESFERAS

La Biblia enseña que el mundo en que vivimos tiene dos esferas: una física y otra espiritual. «Poned la mira en las cosas de arriba», dice el apóstol Pablo, «Que el cielo llene vuestros pensamientos, no penséis solamente en las cosas de la tierra» (Colosenses 3:1-2). En una esfera —la natural—, podemos usar fácilmente los cinco sentidos: vemos con los ojos, oímos con los oídos, olemos, gustamos y tocamos. Sin embargo, estos sentidos nos sirven de poco en la otra esfera. Podríamos decir que un ámbito —el natural— es tangible, mientras que el otro —el celestial— es invisible.

Pero, aunque invisible para el ojo natural, no significa que el ámbito celestial sea menos «real». Aunque estos dos ámbitos son distintos, operan simultáneamente en nuestra vida. ¿Cómo puede ser? Hay muchos relatos en las Escrituras que ilustran la realidad de los dos ámbitos o esferas, pero pocos tan breves y generales como el de Job.

A. EL MUNDO DE JOB ES SACUDIDO

Job 1:13-19 *Un día aconteció que sus hijos e hijas comían y bebían vino en casa de su hermano el primogénito, y vino un mensajero a Job y le dijo: «Estaban arando los bueyes y las asnas pacían cerca de ellos; de pronto nos asaltaron los sabeos y se los llevaron, y mataron a los criados a filo de espada. Solamente escapé yo para darte la noticia».*

Aún estaba éste hablando, cuando vino otro, que dijo: «Fuego de Dios cayó del cielo y quemó a ovejas y a pastores, y los consumió. Solamente escapé yo para darte la noticia».

Aún estaba éste hablando, cuando vino otro, que dijo: «Tres escuadrones de caldeos arremetieron contra los camellos y se los llevaron, y mataron a los criados a filo de espada. Solamente escapé yo para darte la noticia».

Entre tanto que éste hablaba, vino otro, que dijo: «Tus hijos y tus hijas estaban comiendo y bebiendo vino en casa de su hermano

el primogénito, cuando un gran viento se levantó del lado del desierto y azotó las cuatro esquinas de la casa, la cual cayó sobre los jóvenes, y murieron. Solamente escapé yo para darte la noticia».

Job 2:7-10 *. . . Salió entonces Satanás de la presencia de Jehová e hirió a Job con una llaga maligna desde la planta del pie hasta la coronilla de la cabeza. Y Job, sentado en medio de ceniza, tomaba un trozo de tiesto y se rascaba con él. Entonces le dijo su mujer: «¿Aún te mantienes en tu integridad? ¡Maldice a Dios y muérete!»*

Él le dijo: «Como suele hablar cualquier mujer insensata, así has hablado. ¿Pues qué? ¿Recibiremos de Dios el bien, y el mal no lo recibiremos?» En todo esto no pecó Job con sus labios.

Note la naturaleza de las desgracias de Job y las muchas maneras en que afectaron a su vida:

- ✓ Sus rebaños y sus siervos fueron atacados por tribus y naciones vecinas, y abatidos por rayos. Job perdió la capacidad de generar ingresos.
- ✓ Sus hijos murieron por causa de una tormenta y su matrimonio quedó destruido.
- ✓ Perdió la salud.

B. UN VISTAZO MÁS ALLÁ DE LA ESCENA DE LOS DESASTRES DE JOB

Job 1:6-12 *Un día acudieron a presentarse de-lante de Jehová los hijos de Dios, y entre ellos vino también Satanás. Dijo Jehová a Satanás: «¿De dónde vienes?» Respondiendo Satanás a Jehová, dijo: «De rodear la tierra y andar por ella». Jehová dijo a Satanás: «¿No te has fijado en mi siervo Job, que no hay otro como él en la tierra, varón perfecto y recto, temeroso de Dios y apartado del mal?»*

Respondiendo Satanás a Jehová, dijo: «¿Acaso teme Job a Dios de balde? ¿No le has rodeado de tu protección, a él y a su casa y a todo lo que tiene? El trabajo de sus manos has bendecido, y por eso sus bienes han aumentado sobre la tierra. Pero extiende ahora tu mano y toca todo lo que posee, y verás si no blasfema contra ti en tu propia presencia». Dijo Jehová a Satanás: «Todo lo que tiene está en tu mano; solamente no pongas tu mano sobre él». Y salió Satanás de delante de Jehová.

Job 2:1-7 *Otro día acudieron a presentarse de-lante de Jehová los hijos de Dios, y entre ellos vino también Satanás para presentarse delante de Jehová. Dijo Jehová a Satanás: «¿De dónde vienes?» Respondiendo Satanás a Jehová, dijo: «De rodear la tierra y andar por ella».*

Jehová dijo a Satanás: «¿No te has fijado en mi siervo Job, que no hay otro como él en la tierra, varón perfecto y recto, temeroso de

Dios y apartado del mal? ¡Todavía mantiene su integridad, a pesar de que tú me incitaste contra él para que lo arruinara sin causa!»

Respondiendo Satanás a Jehová, dijo: «Piel por piel, todo lo que el hombre tiene lo dará por su vida. Pero extiende tu mano, toca su hueso y su carne, y verás si no blasfema contra ti en tu misma presencia».

Dijo Jehová a Satanás: «Él está en tus manos; pero guarda su vida». Salió entonces Satanás de la presencia de Jehová e hirió a Job con una llaga maligna desde la planta del pie hasta la coronilla de la cabeza.

Note la causa de las desgracias de Job:

- ✓ Un examen superficial daría la impresión de que tales desgracias fueron meramente físicas, asuntos mundanos naturales.
- ✓ Si leemos los dos primeros capítulos de Job, nos daremos cuenta de que el verdadero origen de las calamidades de Job estaba en otro mundo, un mundo espiritual e invisible.

C. «I.E.I. ESPIRITUAL» (IMAGEN EN IMAGEN)

Usted probablemente habrá visto pantallas de televisión con varias imágenes simultáneas en escena, lo cual permite presenciar varios espectáculos o sucesos al mismo tiempo. Con este dispositivo, a veces denominado televisión «i.e.i», uno puede ver las noticias y al mismo tiempo presenciar un partido de baloncesto.

Con herramientas como ésta, el mundo Occidental se ha convertido cada vez más en una cultura de conocimiento tecnológico y de múltiples tareas. En lo espiritual no tiene por qué ser necesariamente así. La sensibilidad en el ámbito espiritual es una cualidad en gran parte perdida en busca de lo empírico, lo racional y lo técnico. Si sólo fuéramos capaces de ver la vida desde una sola dimensión, sería fácil aducir que Job sufrió una serie de desgracias. No obstante, las Escrituras dejan claro que la actividad en el ámbito espiritual influyó directamente la vida de Job en la tierra.

D. UN MUNDO, DOS ESFERAS

El apóstol Pablo habló a menudo del ámbito espiritual, y éste es el tema principal de su epístola a los efesios. Menciona los «lugares celestiales» cinco veces, empleando la palabra *epouranios*, específica del Nuevo Testamento, para aludir a este ámbito (Efesios 1:3, 26; 2:6; 3:10; 6:12).

1. «La esfera de los cielos» (invisible o espiritual)

Este ámbito incluye todo lo que es espiritual, invisible, o no visible en lo natural (Dios, Espíritu Santo, seres angélicos, demonios, maldiciones y bendiciones).

2. «La esfera de lo natural» (visible o material)

Este ámbito incluye todo lo que se puede percibir por los sentidos naturales en el mundo físico. Ambas esferas son completamente reales, y lo que acaece en una de ellas influye directamente en lo que acaece en la otra.

II. LA INTERRELACIÓN DE LAS DOS ESFERAS

¿Cómo se relacionan las dos esferas? ¿Qué aspecto ofrece esto en la vida real? Daniel 10:2-21 presenta una percepción gráfica por lo que concierne a la relación entre las dos esferas. El hombre de estado y profeta, Daniel, había estado orando apasionadamente y buscando el rostro de Dios en relación con el futuro de Israel. No hubo respuesta aparente a sus oraciones en tres semanas; nada parecía estar sucediendo. Pero en realidad, una guerra feroz se estaba librando en los cielos.

A. LO QUE ACAECE EN LOS CIELOS AFECTA AL ÁMBITO NATURAL

Daniel 10:2-13 (NVI) *En aquella ocasión yo, Daniel, pasé tres semanas como si estuviera de luto. En todo ese tiempo no comí nada especial, ni probé carne ni vino, ni usé ningún perfume. El día veinticuatro del mes primero, mientras me encontraba yo a la orilla del gran río Tigris, levanté los ojos y vi ante mí a un hombre vestido de lino, con un cinturón del oro más refinado. Su cuerpo brillaba como el topacio, y su rostro resplandecía como el relámpago; sus ojos eran dos antorchas encendidas, y sus brazos y piernas parecían de bronce bruñido; su voz resonaba como el eco de una multitud. Yo, Daniel, fui el único que tuvo esta visión. Los que estaban conmigo, aunque no vieron nada, se asustaron y corrieron a esconderse. Nadie se quedó conmigo cuando tuve esta gran visión. Las fuerzas me abandonaron, palideció mi rostro, y me sentí totalmente desvalido. Fue entonces cuando oí que aquel hombre me hablaba. Mientras lo oía, caí en un profundo sueño, de cara al suelo. En ese momento una mano me agarró, me puso sobre mis manos y rodillas, y me dijo: «Levántate, Daniel, pues he sido enviado a verte. Tú eres muy apreciado, así que presta atención a lo que voy a decirte».*

En cuanto aquel hombre me habló, tembloroso me puse de pie. Entonces me dijo: «No tengas miedo, Daniel. Tu petición fue escuchada desde el primer día en que te propusiste ganar entendimiento y humillarte ante tu Dios. En respuesta a ella estoy aquí. Durante veintiún días el príncipe de Persia se me opuso, así que acudió en mi ayuda Miguel, uno de los príncipes de primer rango. Y me quedé allí, con los reyes de Persia».

Fíjese en lo que está aconteciendo:

Daniel 10:20-21 (NVI) *Y me dijo: «¿Sabes por qué he venido a verte? Pues porque debo volver a pelear contra el príncipe de Persia. Y cuando termine de luchar con él, hará su aparición el príncipe de Grecia. Pero antes de eso, te diré lo que está escrito en el libro de la verdad. En mi lucha contra ellos, sólo cuento con el apoyo de Miguel, vuestro capitán.*

- ✓ El imperio griego entró en escena unos 200 años más tarde, pero su inauguración fue precedida por una batalla espiritual en los cielos.
- ✓ La oración de Daniel propició el envío de un ángel de Dios y la consiguiente batalla entre espíritus de primer rango en los cielos.

- ✓ De este relato se deduce que lo que tiene (y está teniendo) lugar en el ámbito natural es consecuencia de lo que tiene (y está teniendo) lugar en los cielos.
- ✓ Ciertamente en este mundo tiene lugar una interrelación de las dos esferas — e incluso en su vida, familia, cultura, comunidad, nación e iglesia.

No podemos permitirnos el ser ignorantes o el ignorar esta realidad. Vivimos en un mundo, pero con dos esferas y nos movemos en las dos. Tene-mos que aprender a hacernos preguntas como:

- ✓ ¿Esta situación difícil está sólo sucediendo?
- ✓ ¿Mi mal humor está sólo «sucediendo»?
- ✓ ¿La tirantez en mi matrimonio está sólo sucediendo?
- ✓ ¿La opresión en la adoración comunitaria se debe sólo al tiempo y a las estaciones?
- ✓ ¿Por qué persiste un espíritu egoísta y de tacañería (o de división, rebelión, etc.) en una iglesia de generación en generación?
- ✓ ¿La persistente falta de gozo y de celo es debida meramente a la personalidad?
- ✓ ¿Están el fanatismo, los prejuicios y las limpiezas étnicas sólo sucediendo?
- ✓ ¿Es la mala salud un «mero suceso»?
- ✓ ¿Están las guerras «sólo aconteciendo»?
- ✓ ¿Están las hambrunas «sólo aconteciendo»?
- ✓ ¿Las quiebras financieras «sólo se producen»?
- ✓ ¿Está la depresión «sólo sucediendo»?

B. ESTE MUNDO ES ZONA DE GUERRA

Parte de la libertad verdadera consiste en una restauración de la sensibilidad a los ámbitos celestiales y naturales de manera simultánea. Hemos de desarrollar un discernimiento de cómo los dos ámbitos se relacionan el uno con el otro. Vivimos en un mundo muy espiritual con potestades espirituales. Residimos en una zona de guerra que principal y fundamentalmente se libra en la esfera espiritual o celestial. Habitamos en medio de una batalla cósmica que se originó en el cielo pero que acarreó efectos de gran alcance en lo natural.

Efesios 6:12 (NVI) *Porque nuestra lucha no es contra seres humanos, sino contra poderes, contra autoridades, contra potestades que dominan este mundo de tinieblas, contra fuerzas espirituales malignas en las regiones celestiales.*

Efesios 6:12 (NVI) *Porque nuestra lucha no es contra seres humanos, sino contra poderes, contra autoridades, contra potestades que dominan este mundo de tinieblas, contra fuerzas espiri-tuales malignas en las regiones celestiales.*

Efesios 6:12 *Porque no tenemos lucha contra sangre y carne, sino contra principados, contra potestades, contra los gobernadores de las tinieblas de este mundo, contra huestes espirituales de maldad en las regiones celestes.*

¡No podemos permitirnos el ignorar esta batalla!

Juan 10:10 (NVI) *El ladrón no viene más que a robar, matar y destruir; yo he venido para que tengan vida, y la tengan en abundancia.*

1 Juan 3:8 (NVI) *El viento sopla por donde quie-re, y lo oyes silbar, aunque ignoras de dónde viene y a dónde va. Lo mismo pasa con todo el que nace del Espíritu.*

2 Corintios 2:10-12 (NVI) *A quien vosotros perdonéis, yo también lo perdono. De hecho, si había algo que perdonar, lo he perdonado por consideración a vosotros en presencia de Cristo, para que Satanás no se aproveche de nosotros, pues no ignoramos sus artimañas.*

C. LA MENTALIDAD OCCIDENTAL ES RESISTENTE A LA CONCEPCIÓN BÍBLICA

- ❑ Depende excesivamente de los cinco sentidos así como en los efectos paralizantes del humanismo y el racionalismo.
- ❑ Se considera a los demonios o a las potestades espirituales dominantes como cosa «primitiva».
- ❑ Se da una vasta influencia del intelec-

tualismo en la mentalidad y la cosmovisión de la gente.

Estas son algunas de las razones principales que explican la debilidad de la iglesia actual en Occidente, la causa de su mundanalidad y de un pensamiento y estrategia centrados en la esfera natural.

Racionalismo humanista

A veces, cuando se vive en el seno de una cultura o mentalidad, resulta difícil percibir todas sus características. No nos damos cuenta cuánto una cosmovisión particular influye en la manera en que pensamos y vemos la vida. El siguiente diagnóstico se ha concebido para ayudarle a discernir si usted está excesivamente influido por el racionalismo occidental que le impide vivir según la concepción bíblica en la esfera natural. Marque lo que le incumba:

- ❑ Me gusta ver las cosas de una manera lógica. Me cuesta mucho aceptar lo que no es empírico y/o lo aparentemente ilógico.
- ❑ Tengo por «fanática» a la gente que cree y tiene en cuenta a los ángeles y demonios, las maldiciones y las bendiciones.
- ❑ Busco primero razones lógicas y naturales como causa de los problemas antes de pedir sabiduría y entendimiento al Espíritu Santo.

- ❑ ¿He valorado y dependido de mi mente, razón, y capacidad intelectual para apoyarme en la vida?
- ❑ Me suele resultar difícil ver con «los ojos de la fe». Me desanimo fácilmente porque sub-estimo el poder de Dios para producir cambios.
- ❑ Mi familia concede gran valor al pensamiento lógico y conciso y a contar con buenas y sólidas razones para pensar o creer algo.
- ❑ Rara vez busco una causa espiritual invisible para un problema o asunto na-tural (enfermedad, tirantez de relaciones, bajón económico, etc.).
- ❑ Creo que entiendo que gran parte de la batalla es de naturaleza «espiritual», pero me siento más cómodo buscando una solución que pidiendo a Dios que me ayude para ver la situación desde su perspectiva.
- ❑ Me cuesta creer que la esfera invisible es real y que influye en la vida cotidiana.
- ❑ Parece que no puedo entender plenamente todo lo que rodea al «ámbito celestial», por lo que no le presto mucha atención.
- ❑ Creo que la idea de los ángeles y demonios es un poco primitiva, supersticiosa y/o irrelevante.
- ❑ Ciertamente lo único que necesito es «entender la Palabra» y vivirla. El ámbito sobrenatural no es responsabilidad mía.

Imagínese una iglesia, familia o comunidad donde:

- ✓ nadie tiene resentimiento contra nadie.
- ✓ nadie se esconde de otros por temor al rechazo.
- ✓ nadie se aparta de los retos que Dios ha dado por temor al fracaso.

- ✓ nadie esconde sus dones por causa de su sentido de insuficiencia e insignificancia.
- ✓ nadie tiene temor del enemigo.
- ✓ nadie está sometido porque no adora ídolos como el dinero, el sexo y el poder.
- ✓ Nadie está atrapado por el temor del hombre.
- ✓ nadie retiene sus recursos.
- ✓ nadie está atrapado en la pasividad y la apatía.
- ✓ todos se levantan con poder y autoridad espiritual, viven vidas genuinas y están entregados al florecimiento de otros.

¡Este es el propósito del ministerio de Jesús entre nosotros hoy!

D. VIVIMOS EN LAS DOS ESFERAS SIMULTÁNEAMENTE POR EL ESPÍRITU SANTO

Dios ha provisto todo lo que necesitamos para vivir con poder en las dos esferas. Todas las cosas que pertenecen a la vida y a la piedad nos han sido dadas por su divino poder (2 Pedro 1:3). La base de esto es, por supuesto, la salvación en Jesucristo. Pero Él también nos ha proporcionado una relación con el Espíritu Santo que nos permite actuar en el divino poder de Dios en el ámbito natural.

Sin el poder del Espíritu Santo seríamos incapaces de seguir plenamente a Jesucristo en la vida diaria. Seríamos incapaces de vivir en obediencia a todo lo que Dios nos pide, o salir victoriosos sobre Satanás y sus intrigas. Sin su poder, no seríamos capaces de llevar a cabo la misión y el ministerio de Jesucristo. La plenitud del Espíritu Santo es lo que nos permite vivir en libertad, ser restaurados para Dios, cumplir su plan para nosotros y llevar a cabo la vida y el ministerio de Jesús.

1. La capacitación del Espíritu Santo es necesaria y un mandato para el creyente

- ✓ Para poder vivir una vida victoriosa sobre el enemigo es absolutamente necesario estar lleno del Espíritu de Dios. Del mismo modo, para obedecer a Dios, se nos manda ser llenos de su Espíritu.
- ✓ Efesios 5:18 nos exhorta a vivir continuamente llenos del Espíritu Santo

Efesios 5:18 *No os embriaguéis con vino, en lo cual hay disolución; antes bien sed llenos del Espíritu*

- ✓ Hemos de vivir continuamente llenos del Espíritu Santo y procurando siempre aumentar su plenitud en nuestra vida.

2. Debemos vivir abiertos y dispuestos a recibir una medida extraordinaria de plenitud del Espíritu Santo

- ✓ Todos recibimos el Espíritu Santo en la salvación.

- ✓ Hay ocasiones en que nuestra vida exige un poder extraordinario para resistir una tentación particular para vivir en santidad, o aceptar una oportunidad para ministrar a Dios. Necesitamos el poder del Espíritu Santo de una manera clara y poderosa que supere la medida normal de una vida plena del Espíritu. Por ejemplo, el apóstol Pedro vivió a partir de Pentecostés en un estado de plenitud del Espíritu Santo, y no obstante recibió varias veces una medida extra, como también otros creyentes.

Hechos 4:8 *Entonces Pedro, lleno del Espíritu Santo, les dijo: «Gobernantes del pueblo y ancianos de Israel…»*

Podemos calificar esto como una capacitación o una *unción*.

3. No debemos procurar meras manifestaciones, lo que debemos procurar es que el Espíritu Santo nos ayude a:

- ✓ experimentar una intimidad más profunda con Dios y sus caminos.

- ✓ rebosar de su amor, gozo y fruto del Espíritu conociéndole a Él más íntimamente.

- ✓ triunfar sobre el pecado más rotundamente experimentando el poder de su resurrección en nuestra vida.

- ✓ ser más audaces en el testimonio experimentando más plenamente el poder de su resurrección en nuestra vida.

- ✓ desplegar la vida y ministerio de Jesucristo.
- ✓ ministrar sobrenaturalmente para llevar un mayor fruto espiritual experimentando el poder de su resurrección en nuestra vida.

4. ¡Tener expectativas!

La plenitud del Espíritu Santo puede variar de unas personas y situaciones a otras. Hay distintas expresiones y liberaciones del Espíritu Santo en el caminar con Dios que marcan a la persona y consiguientemente producen cambios obvios en su vida.

- ✓ Probablemente habrá combinaciones de diversas expresiones de la plenitud del Espíritu Santo en su vida.
- ✓ Muchas veces el relleno del Espíritu Santo se produce en un tiempo de sufrimiento, cuando uno se abandona a Dios.
- ✓ Puede incluir una clara experiencia espiritual, emocional y/o física.
- ✓ En el Antiguo Testamento aparecen relatos de individuos que profetizaron y recibieron una admirable fortaleza para combatir con capacidad sobrenatural.
- ✓ En el Nuevo Testamento hay ejemplos de personas que profetizaron, hablaron en lenguas, fueron capacitadas para dar poderosos testimonios sobrenaturales, se gozaron en medio del sufrimiento y fueron sanadas.

El relleno del Espíritu Santo incluye normalmente una liberación gradual, constante, a través del continuo ejercicio en la Palabra de Dios, la oración y la obediencia. El teólogo Wayne Grudem proporciona una analogía para ilustrar el relleno del Espíritu Santo comparándolo con el inflado de un balón en contraste con el relleno de un vaso de líquido. El líquido no puede expandir la capacidad ni el volumen de un vaso, pero un aumento de aire puede aumentar la capacidad como también el volumen de un globo. Lo mismo sucede con nuestras vidas: a medida que somos llenos del Espíritu Santo, aumenta la capacidad de vivir en el poder sobrenatural de Dios.

D. L. Moody (evangelista usado por Dios en el siglo XIX) experimentó una clara intervención del Espíritu Santo después de su salvación, a la que él llamó bautismo del Espíritu. Declaró:

Un día, en la ciudad de Nueva York —oh qué día aquel, no puedo describirlo; rara vez aludo a ese día; es casi una experiencia demasiado sagrada como para nombrarla—. Pablo tuvo una experiencia de la que no hizo comentario alguno por catorce años. Yo sólo puedo decir que Dios se me reveló, y sentí tal experiencia de su amor que tuve que pedirle que sujetara su mano. Volví a predicar. Los sermones no eran distintos; no presenté nuevas verdades. No obstante, centenares de personas se convertían. Ya no volvería donde estaba antes de aquella bendita experiencia aunque se me diera el mundo entero.

5. Prepárese para ser lleno del Espíritu Santo

Estar lleno del Espíritu Santo puede ser semejante a la manera en que recibió la salvación del Señor, el perdón de pecados y la vida eterna —lo pidió y lo recibió—. De igual modo, el Espíritu Santo puede ser recibido por la imposición de manos de otros. También podemos recibir espontáneamente la plenitud del Espíritu Santo a discreción del Señor.

Hechos 19:2; 6 *¿Recibisteis el Espíritu Santo cuando creísteis?… Ni siquiera habíamos oído que hubiera Espíritu Santo… Y habiéndoles impuesto Pablo las manos, vino sobre ellos el Espíritu Santo; y hablaban en lenguas y profetizaban.*

El relleno del Espíritu Santo es fundamentalmente obra de Dios, pero para llevar una vida llena del Espíritu nosotros tenemos que cumplir algunas responsabilidades o condiciones. Repetimos, se trata de una cooperación divina y humana, en la que Dios actúa imprevisiblemente sobre una persona que toma la iniciativa. Lo mismo que un operador de globo puede «avivar el fuego» para llenar el globo con más aire caliente y hacerlo elevar a más altura, así también usted es responsable de hacer lo que sea menester para avivar el fuego espiritual que libera más poder del Espíritu Santo en su vida.

1. **1. Escudriñe su corazón y arrepiéntase de cualquier pecado conocido (2 Crónicas 7:14; Salmo 139:23-24).**

2. **Conságrese de nuevo por completo al Señor (Romanos 12:1).**

3. **Confiese su necesidad de dependencia de Dios.**

4. **Pida al Señor, por fe, que libere un nuevo relleno y capacitación del Espíritu Santo en usted (Hechos 4:29-31).**

5. **Reciba y crea por fe que Dios ha respondido su oración, y sea consecuente. Dé gracias a Dios por su obra en su vida.**

Es importante entender que el relleno del Espíritu Santo nace de una relación con Dios y de un estilo de vida. Usted no debe desear vivir de otra manera que no sea estar lleno del Espíritu de Dios y de su poder. Solamente a través del Espíritu Santo usted será libre y vivirá una vida sobrenatural, plenamente comprometido/a en la esfera natural y celestial.

SECCIÓN CUATRO
Entendimiento del poder y la autoridad

Vivir en el poder sobrenatural de Dios es un derecho y un privilegio maravilloso de todo cristiano. Jesús lo prometió. La iglesia primitiva lo recibió y actuó en él. En realidad, el apóstol Pablo dijo que su vida y ministerio por Cristo se acreditaban «en el Espíritu Santo, en amor sincero, en palabra de verdad y en poder de Dios» (2 Corintios 6:6-7).

La palabra «poder» procede del griego *dunamis,* que significa fuerza, poder o capacidad.[1] Alude al poder inherente que encierra algo en virtud de su naturaleza y al poder de hacer milagros. La palabra dinamita deriva del mismo término.

Pero hubo otro componente clave en la vida y ministerio de Jesús. El evangelio de Lucas relata que la gente hablaba de Él con asombro: «¿Qué palabra es esta, que con autoridad y poder manda a los espíritus impuros, y salen?» (Lucas 4:36). Aunque Jesús era verdadero Dios, vivió como hombre, pertrechado con el poder de Dios. Más aún, también tenía la autoridad de Dios.

«Autoridad» procede del griego *exousia*. A veces se traduce también por «poder», pero más que nada alude al poder de la autoridad, derecho o privilegio.[2] Puede aludir al poder gubernamental, o al poder de una persona o agencia a cuya voluntad deben otros someterse y obedecer sus mandamientos.

A lo largo de su vida, Jesús demostró poder (*dunamis*) y autoridad (*exousia*). Resistió toda tentación de Satanás. Derrotó el reino satánico en todos los frentes, desde la sanidad de las personas a su liberación de los ataques demoníacos. ¡Donde Jesús estuvo presente, Satanás tuvo que huir!

I. LA AUTORIDAD Y EL PODER DE CRISTO

A. LA AUTORIDAD DE CRISTO ES SUPREMA

Efesios 1:16, 18, 19-22 *No ceso de dar gracias por vosotros… para que sepáis cuál es la espe-ranza a que él os ha llamado, cuáles las riquezas de la gloria de su herencia en los santos y cuál la extraordinaria grandeza de su poder para con nosotros los que creemos, según la acción de su fuerza poderosa. Esta fuerza operó en Cristo, resucitándolo de los muertos y sentándolo a su derecha en los lugares celestiales, sobre todo principado y autoridad, poder y señorío, y sobre todo nombre que se nombra, no solo en este siglo, sino también en el venidero. Y sometió todas* *las cosas debajo de sus pies, y lo dio por cabeza sobre todas las cosas a la iglesia, la cual es su cuerpo, la plenitud de Aquel que todo lo llena en todo... Juntamente con él nos resucitó, y asimismo nos hizo sentar en los lugares celestiales con Cristo Jesús.*

- ✓ Cuarenta días después de resucitar de los muertos, Jesús ascendió a los cielos. Allí Dios le honró sentándole a su diestra, gesto simbólico del otorgamiento de poder y autoridad.

- ✓ Jesús ocupa esa posición de autoridad en el presente, pero no está sentado en un rincón lejano del universo. Está presente en el ámbito invisible.

- ✓ Jesús es la máxima autoridad sobre todos los seres espirituales de la esfera invisible, incluido

- ✓ Satanás. Éste es sólo una criatura creada por Dios.

- ✓ Nada ni nadie tiene mayor poder o autoridad que Jesús. Dios ha puesto todas las cosas bajo sus pies.

B. JESÚS MINISTRÓ BAJO LA AUTORIDAD DE DIOS

La autoridad de Jesús era y es mayor que toda la creación y todos los seres creados. Él ministró en poder y autoridad divinos. Pero también bajo un contexto de autoridad. No determinó independientemente lo que haría o cómo lo haría. A decir verdad, ni siquiera decía nada a menos que el Padre le dijera lo que debía de decir (Juan 8:26, 12:49).

Jesús estuvo sometido a Dios el Padre y se mo-vió en y bajo su autoridad en todo lo que hizo. Así fue como vivió «ungido» o capacitado por el Espíritu Santo. Aunque Jesús era verdadero Dios y verdadero hombre, ministró sometido a la autoridad de Dios el Padre.

Juan 5:30 *No puedo yo hacer nada por mí mismo; según oigo, así juzgo, y mi juicio es justo, porque no busco mi voluntad, sino la voluntad del Padre, que me envió.*

Juan 7:16 *Jesús les respondió y dijo: «Mi doctrina no es mía, sino de aquel que me envió».*

Juan 8:26, 28 *«Muchas cosas tengo que decir y juzgar de vosotros; pero el que me*

Lucas 24:49 *Ciertamente, yo enviaré la promesa de mi Padre sobre vosotros; pero quedaos vosotros en la ciudad de Jerusalén hasta que seáis investidos de poder desde lo alto.*

envió es verdadero; y yo, lo que he oído de él, esto hablo al mundo». Les dijo, pues, Jesús: «Cuando hayáis levantado al Hijo del Hombre, entonces conoceréis que yo soy, y que nada hago por mí mismo, sino que según me enseñó el Padre, así hablo».

Juan 12:49-50 *Yo no he hablado por mi propia cuenta; el Padre, que me envió, él me dio mandamiento de lo que he de decir y de lo que he de hablar. Y sé que su mandamiento es vida eterna. Así pues, lo que yo hablo, lo hablo como el Padre me lo ha dicho.*

Mateo 9:6, 8 *Pues para que sepáis que el Hijo del hombre tiene potestad en la tierra para perdonar pecados —dijo entonces al paralítico—: «Levántate, toma tu camilla y vete a tu casa». Entonces él se levantó y se fue a su casa. La gente, al verlo, se maravilló y glorificó a Dios, que había dado tal potestad a los hombres.*

Mateo 10:1 *Entonces, llamando a sus doce discípulos, les dio autoridad sobre los espíritus impuros, para que los echaran fuera y para sanar toda enfermedad y toda dolencia.*

Lucas 24:47, 49 *Y que se predicara en su nombre el arrepentimiento y el perdón de pecados en todas las naciones, comenzando desde Jerusalén. Vosotros sois testigos de estas cosas. Ciertamente, yo enviaré la promesa de mi Padre sobre vosotros; pero quedaos vosotros en la ciudad de Jerusalén hasta que seáis investidos de poder desde lo alto.*

Puesto que Jesús ministró bajo autoridad, pudo hacerlo con gran autoridad. Es fundamental que nosotros también aprendamos a vivir y actuar en un contexto de autoridad — sometidos a Dios y a las estructuras de autoridad que Él ha puesto sobre nosotros. Entonces podremos ejercer el poder de Dios en y a través de nosotros. Y podremos movernos en el poder de Dios, como hizo Jesús.

C. EL EJERCICIO DEL MINISTERIO DE JESÚS EXIGE SU AUTORIDAD Y SU PODER

Para ser «verdaderamente libre» y poder llevar a cabo el ministerio de Jesús sobre la tierra como lo hizo Él y lo hizo la iglesia primitiva es necesario vivir y moverse en el poder y la autoridad de Dios. Como creyentes seguidores de Jesucristo, descubriremos que para ser lo que debemos, vivir como debemos y hacer lo que debemos necesitamos el poder sobrenatural de Dios en la vida. Por eso Él, «reuniendo a sus doce discípulos, les dio poder y autoridad sobre todos los demonios y para sanar

enfermedades (Lucas 9:1). Por eso, cuando Jesús se preparó para volver a las alturas, encargó a sus discípulos que aguardaran hasta que el Espíritu Santo viniera y les llenara con el poder de Dios que vendría del cielo.

Lucas 24:49 *Ciertamente, yo enviaré la promesa de mi Padre sobre vosotros; pero quedaos vosotros en la ciudad de Jerusalén hasta que seáis investidos de poder desde lo alto.*

Hechos 1:8 *Pero recibiréis poder cuando haya venido sobre vosotros el Espíritu Santo, y me seréis testigos en Jerusalén, en toda Judea, en Samaria y hasta lo último de la tierra.*

Lucas 4:36 *Todos estaban maravillados, y se decían unos a otros: «¿Qué palabra es esta, que con autoridad y poder manda a los espíritus impuros, y salen?»*

Lucas 9:1 (NVI) *Habiendo reunido a los doce, Jesús les dio poder y autoridad para expulsar a todos los demonios y para sanar enfermedades.*

D. ACLARACIÓN DE LA DIFERENCIA ENTRE AUTORIDAD Y PODER

Aunque la autoridad y el poder de Dios están inseparablemente relacionados, hay una clara diferencia entre su autoridad y su poder. Jesús se dio a conocer ejerciendo ambos. Del mismo modo, Él concedió su autoridad y su poder a sus discípulos.

Lucas 4:36 *Todos estaban maravillados, y se decían unos a otros: «¿Qué palabra es esta, que con autoridad y poder manda a los espíritus impuros, y salen?»*

Lucas 9:1 (NVI) *Habiendo reunido a los doce, Jesús les dio poder y autoridad para expulsar a todos los demonios y para sanar enfermedades.*

1. Autoridad es el derecho a gobernar.

La autoridad se basa en una posición que da a cierta persona derecho a gobernar dentro de los límites y el ámbito de su autoridad designada.

Por ejemplo, un oficial de policía tiene autoridad dentro de su jurisdicción, conforme a la ley y el gobierno de un estado. Pero no tiene autoridad en otros lugares: no puede entrar en una base militar y dar órdenes a un batallón para dirigir a estos soldados o ejercer autoridad sobre los ciudadanos de otra nación.

2. Poder es capacidad para gobernar.

La Biblia es muy clara: a los creyentes se les ha impartido la autoridad de Cristo para llevar a cabo el plan de extensión de su reino. Pero no todos los creyentes son capaces de ejercer su autoridad en poder. La autoridad de Cristo está inactiva en sus vidas. Hay muchas razones que explican esta innecesaria anemia espiritual en los creyentes, entre otras la ignorancia, la incredulidad, la pasividad y la falta de arrepentimiento

II. JESÚS NOS CONCEDE SU AUTORIDAD

La Biblia afirma que solíamos estar bajo el dominio del infierno, Satanás y sus predilectos; gobernados por nuestra naturaleza carnal pecaminosa e influidos por el sistema mundano (Efesios 2:1-3). Jesús vino y nos libró del dominio (poder y autoridad) de Satanás y nos transfirió a su reino. El asombroso coronamiento de la increíble transacción del evangelio es que Jesús no sólo nos libró del dominio de Satanás y nos trasladó a su reino, sino que nos arrebató y nos hizo sentar con Él en las regiones celestiales. Esto significa que la autoridad que Jesús recibió de su Padre nos ha sido concedida a nosotros.

Efesios 2:4-6 (NVI) *Pero Dios, que es rico en misericordia, por su gran amor por nosotros, nos dio vida con Cristo, aun cuando estábamos muertos en pecados. ¡Por gracia habéis sido salvados! Y en unión con Cristo Jesús, Dios nos resucitó y nos hizo sentar con él en las regiones celestiales.*

Jesús reina en toda la esfera celestial —sentado en el trono de la autoridad suprema— y nosotros reinamos con Él. Compartimos su autoridad en la esfera celestial. Esta es una realidad presente, no sólo se cumplirá en el futuro. Actualmente poseemos toda bendición espiritual en las regiones celestiales, en Cristo (Efesios 1:3)

A. LOS DOCE DISCÍPULOS RECIBIERON LA AUTORIDAD DE CRISTO

Lucas 9:1 Reuniendo a sus doce discípulos, les dio poder y autoridad sobre todos los demonios y para sanar enfermedades.

B. LOS SETENTA Y DOS DISCÍPULOS RECIBIERON LA AUTORIDAD DE CRISTO

Lucas 10:1, 17-19 (NVI) *Después de esto, el Señor escogió a otros setenta y dos para enviarlos de dos en dos delante de él a todo pueblo y lugar adonde él pensaba ir. Cuando los setenta y dos regresaron, dijeron contentos: «Señor, hasta los demonios se nos someten en tu nombre». «Yo veía a Satanás caer del cielo como un rayo», respondió él. «Sí, os he dado autoridad para pisotear serpientes y escorpiones y vencer todo el poder del enemigo; nada os podrá hacer daño».*

C. TODOS LOS CREYENTES RECIBEN LA AUTORIDAD DE CRISTO

El poder y la autoridad que Jesús extendió a sus discípulos no eran sólo para ellos. También era para nosotros. Jesús dijo a sus discípulos: «De cierto, de cierto os digo: *El que en mí cree, las obras que yo hago, él también las hará; y aun mayores hará»* (Juan 14:12, énfasis añadido). Jesús no pretendió

que le dejáramos a Él hacer toda la obra de declarar y establecer el reino de Dios sobre la tierra. Ni tampoco tuvo la intención de que esa autoridad y ministerio muriera con los discípulos del primer siglo. ¡Él deseó plenamente que todos sus seguidores compartieran su poder y su autoridad!

Mateo 28:18 *Jesús se acercó y les habló diciendo: «Toda potestad me es dada en el cielo y en la tierra. Por tanto, id y haced discípulos a todas las naciones, bautizándolos en el nombre del Padre, del Hijo y del Espíritu Santo, y enseñándoles que guarden todas las cosas que os he mandado. Y yo estoy con vosotros todos los días, hasta el fin del mundo».*

Juan 17:18, 20-21 *Como tú me enviaste al mundo, así yo los he enviado al mundo. Pero no ruego solamente por estos, sino también por los que han de creer en mí por la palabra de ellos, para que todos sean uno; como tú, Padre, en mí y yo en ti, que también ellos sean uno en nosotros, para que el mundo crea que tú me enviaste.*

Lucas 10:17-19 *Regresaron los setenta con gozo, diciendo: «¡Señor, hasta los demonios se nos sujetan en tu nombre!» Les dijo: «Yo veía a Satanás caer del cielo como un rayo». Os doy potestad de pisotear serpientes y escorpiones, y sobre toda fuerza del enemigo, y nada os dañará.*

Mateo 16:19 (NVI) *Te daré las llaves del reino de los cielos; todo lo que ates en la tierra quedará atado en el cielo, y todo lo que desates en la tierra quedará desatado en el cielo.*

Efesios 1:19-22, 2:6 (NVI) *Pido también que os sean iluminados los ojos del corazón para que sepáis a qué esperanza él os ha llamado, cuál es la riqueza de su gloriosa herencia entre los santos, y cuán incomparable es la grandeza de su poder a favor de los que creemos. Ese poder es la fuerza grandiosa y eficaz que Dios ejerció en Cristo cuando lo resucitó de entre los muertos y lo sentó a su derecha en las regiones celestiales, muy por encima de todo gobierno y autoridad, poder y dominio, y de cualquier otro nombre que se invoque, no sólo en este mundo sino también en el venidero. Dios sometió todas las cosas al dominio de*

Pagano	Creyente
Jesucristo Efesios 1:22	**Jesucristo** Efesios 1:22
	Creyentes Efesios 2:6
Satanás Efesios 2:2	**Satanás** Efesios 2:2
Espíritus Lucas 13:11	**Espíritus** Lucas 13:11
Seres Humanos Génesis 1:26	**Seres Humanos** Génesis 1:26
Animales Salmos 8:6-8	**Animales** Salmos 8:6-8

Esta tabla representa la jerarquía de la autoridad espiritual en el mundo. Cuan-do una persona se hace cristiana, se ubica en la escala de autoridad justo debajo de Jesucristo.

Cristo, y lo dio como cabeza de todo a la iglesia. Y en unión con Cristo Jesús, Dios nos resucitó, y nos hizo sentar con él en las regiones celestiales.

Santiago 5:17-18 (NVI) *Elías era un hombre con debilidades como las nuestras. Con fervor oró que no lloviera, y no llovió sobre la tierra durante tres años y medio. Volvió a orar, y el cielo dio su lluvia y la tierra produjo sus frutos.*

III. RECIBIMOS SU AUTORIDAD EN LA SALVACIÓN

- ✓ Jesús reina en todos los cielos, sentado en el trono de suprema autoridad, y nosotros rei-namos con Él (Efesios 1:20-21; 2:6).

- ✓ Nosotros compartimos la autoridad de Jesús en los cielos.

- ✓ Ahora «proclamamos la multiforme sabiduría de Dios» a los dominios y potestades celestiales (Efesios 3:10); es decir, tenemos el derecho y la responsabilidad de poner en vigor la autoridad de Dios, de un modo similar al funcionario de estado nombrado por un gobierno para ejecutar sus leyes y sus límites.

Colosenses 2:9-10 *Porque en él habita corporalmente toda la plenitud de la divinidad, y vosotros estáis completos en él, que es la cabeza de todo principado y potestad.*

Colosenses 2:13-15 *Y a vosotros, estando muertos en pecados y en la incircuncisión de vuestra carne, os dio vida juntamente con él, perdonándoos todos los pecados. Él anuló el acta de los decretos que había contra nosotros, que nos era contraria, y la quitó de en medio clavándola en la cruz. Y despojó a los principados y a las autoridades y los exhibió públicamente, triunfando sobre ellos en la cruz.*

«Verdadera libertad» significa haberse liberado del poder y la autoridad de Satanás y estar cualificado para vivir y actuar en el poder y autoridad de Dios. ¿Cómo podemos hacer esto? En virtud de nuestra posición en —y relación personal con— Jesucristo. Como creyentes, debemos entender y aprop-iarnos regularmente del poder y la autoridad de Jesucristo que nos pertenece y reside en nosotros.

Tenemos que aprender a hacer uso de las divinas y poderosas armas espirituales, ejercer nuestra autoridad y combatir en los cielos para recuperar el territorio que el enemigo ha arrebatado en las personas y en el mundo, y por tanto, expoliar al reino satánico en la tierra. Esto es lo que debemos hacer aquí: extender el ministerio y el reino de Jesús. La vida y el ministerio de Jesús es nuestro modelo de vida y de actuación para la iglesia actual.

- ✓ Debemos usar nuestras armas, ejercer nuestra autoridad y combatir en los lugares celestiales.

Mateo 16:19 (NVI) *Te daré las llaves del reino de los cielos; todo lo que ates en la tierra quedará atado en el cielo y todo lo que desates en la tierra quedará desatado en el cielo.*

- ✓ Tenemos la autoridad de Cristo y el enemigo no puede levantarse contra nosotros en una confrontación directa de autoridad.

- ✓ Las únicas armas que Satanás tiene a su disposición son la mentira, la actuación furtiva, el engaño, la intimidación y el temor. Él no puede resistir un encuentro de poder contra los hijos de Dios plantados en la justicia, la santidad y la autoridad de Cristo.

IV. CONFRONTACIÓN BÍBLICA Y AUDAZ DEL REINO DE SATANÁS

Las Escrituras, la comisión de Jesucristo y los tiempos en que vivimos exigen nuestra atención sobre este aspecto de la vida y ministerio cristiano. No podemos permitirnos desatender o marginalizar esta esfera de la vida cristiana.

Estamos en medio de una guerra y no podemos ignorar a nuestros enemigos. Se nos han concedido divinas y poderosas armas espirituales para derrotarlos, como hizo Jesús, de manera que debemos reprenderlos vigorosamente y desalojar a los seres demoníacos y sus ataques específicos, fortalezas, pecados y tentaciones que afrontamos en la vida cotidiana.

A. LO DEMONÍACO EN RELACIÓN CON EL MINISTERIO TERRENAL DE JESÚS

Los espíritus demoníacos fueron una realidad constante en la vida y ministerio de Jesús —y lo siguen siendo hoy —. Son agentes satánicos que se oponen a Dios, su reino y su pueblo. Y aunque estos espíritus son poderosos, la Biblia afirma muy claramente que en Jesucristo Dios ha extendido una autoridad mucho mayor que todos los poderes del enemigo.

Lucas 4:40-41 (NVI) *Al ponerse el sol, la gente le llevó a Jesús todos los que padecían de diversas enfermedades; él puso las manos sobre cada uno de ellos y los sanó. Además, de muchas personas salían demonios que gritaban: «¡Tú eres el Hijo de Dios!» Pero él los reprendía y no los dejaba hablar porque sabían que él era el Cristo.*

Lucas 6:17-19 (NVI) *Luego bajó con ellos y se detuvo en un llano. Había allí una gran multitud de sus discípulos y mucha gente de toda Judea, de Jerusalén y de la costa de Tiro y Sidón, que habían llegado para oírlo y para que los sanara de sus enfermedades. Los que eran atormentados por espíritus malignos quedaban liberados; así que toda la gente procuraba tocarlo, porque de él salía poder que sanaba a todos.*

Lucas 9:1-2 (NVI) *Habiendo reunido a los doce, Jesús les dio poder y autoridad para expulsar a todos los demonios y para sanar enfermedades. Entonces los envió a predicar el reino de Dios y a sanar a los enfermos.*

Lucas 10:17-21 (NVI) *Cuando los setenta y dos regresaron, dijeron contentos: «Señor, hasta los demonios se nos someten en tu nombre». «Yo veía a Satanás caer del cielo como un rayo», respondió él. «Sí, os he dado autoridad para pisotear serpientes y escorpiones y vencer todo el poder del enemigo; nada os podrá hacer daño. Sin embargo, no os alegréis de que podáis someter a los espíritus, sino alegraos de que vuestros nombres están escritos en el cielo». En aquel momento Jesús, lleno de alegría por el Espíritu Santo, dijo: «Te alabo, Padre, Señor del cielo y de la tierra, porque habiendo escondido estas cosas de los sabios e instruidos, se las has revelado a los que son como niños. Sí, Padre, porque esa fue tu buena voluntad».*

V. LA SALVACIÓN: PARTICIPACIÓN EN LA AUTORIDAD DE CRISTO

¿Cómo se empieza a ejercer la autoridad de Jesucristo? Sólo hay un camino: entablar una relación de redención con Él. Otra forma de decirlo: la salvación del pecado por medio de Jesucristo permite iniciar el ejercicio de su autoridad.

¿Ha hecho usted la transacción espiritual de recibir a Jesucristo en su vida y ser perdonado del pecado que le separa de Dios? Tómese tiempo para volver al capítulo dos de este manual. Repase las verdades básicas que le pueden ayudar a entender cómo puede asegurarse de tener una relación salvadora con Jesucristo. Nunca está de más volver a oír estas verdades.

2 Pedro 1:12-15 *Por esto, yo no dejaré de re-cordaros siempre estas cosas, aunque vosotros las sepáis y estéis confirmados en la verdad presente. Tengo por justo, en tanto que estoy en este cuerpo, el despertaros con amonestación, sabiendo que en breve debo abandonar el cuerpo, como nuestro Señor Jesucristo me ha declarado. También yo procuraré con diligencia que, después de mi partida, vosotros podáis en todo momento tener memoria de estas cosas.*

Si hizo una oración sincera para recibir la obra de Jesucristo en su vida, puede estar seguro de que su transacción espiritual ha tenido lugar. Dios se deleita en conceder perdón y vida eterna a la humanidad. Si usted ha creído y orado de forma genuina, puede estar seguro de haber recibido el perdón de sus pecados y la vida eterna.

Romanos 10:13 (RV 1960) *Porque todo aquel que invocare el nombre del Señor, será salvo.*

2 Corintios 5:17 (RV 1960) *De modo que si alguno está en Cristo, nueva criatura es; las cosas viejas pasaron; he aquí todas son hechas nuevas.*

El propósito de este libro es proporcionarle verdades bíblicas para que sea «verdaderamente libre». Esto incluye recuperar la autoridad espiritual que Dios dispuso al principio para que su pueblo la ejerciera. Incluye conocer cómo esgrimir eficaz y poderosamente la autoridad que se le ha concedido a través de Jesucristo para responder a los ataques y tormentas que los espíritus malignos traten de lanzar contra su persona. Usted puede reprenderles y resistirles, como hi-cieron Jesús y los apóstoles. Jesús nos exhortó con la verdad de que «mayor es el que está en vosotros (Jesucristo por el Espíritu Santo) que

el que está en el mundo» (Satanás y sus secuaces espíritus malignos —1 Juan 4:4).

Usted puede estar seguro de que si ha recibido a Jesucristo como su Señor y Salvador, su transacción espiritual ha tenido lugar. Posicionalmente está sentado con Él en las regiones celestiales, comparte su poder y su autoridad. Disfruta de una relación con Dios y, gracias a ella, puede oír su voz y conocer cómo y dónde Él quiere que ejerza esa autoridad —a través de su palabra escrita, la Biblia, y de su comunicación con usted en los tiempos de oración.

Si usted es creyente seguidor de Jesucristo, es co-heredero con Él. Ahora tiene su autoridad y su poder dentro de usted. Teniendo esto en mente, ha llegado el momento de reclamar lo que el enemigo le ha robado personalmente. Es tiempo de ejercer la autoridad que Dios le ha concedido sobre el enemigo de su alma y de proseguir la obra *sozo* de Dios en su vida.

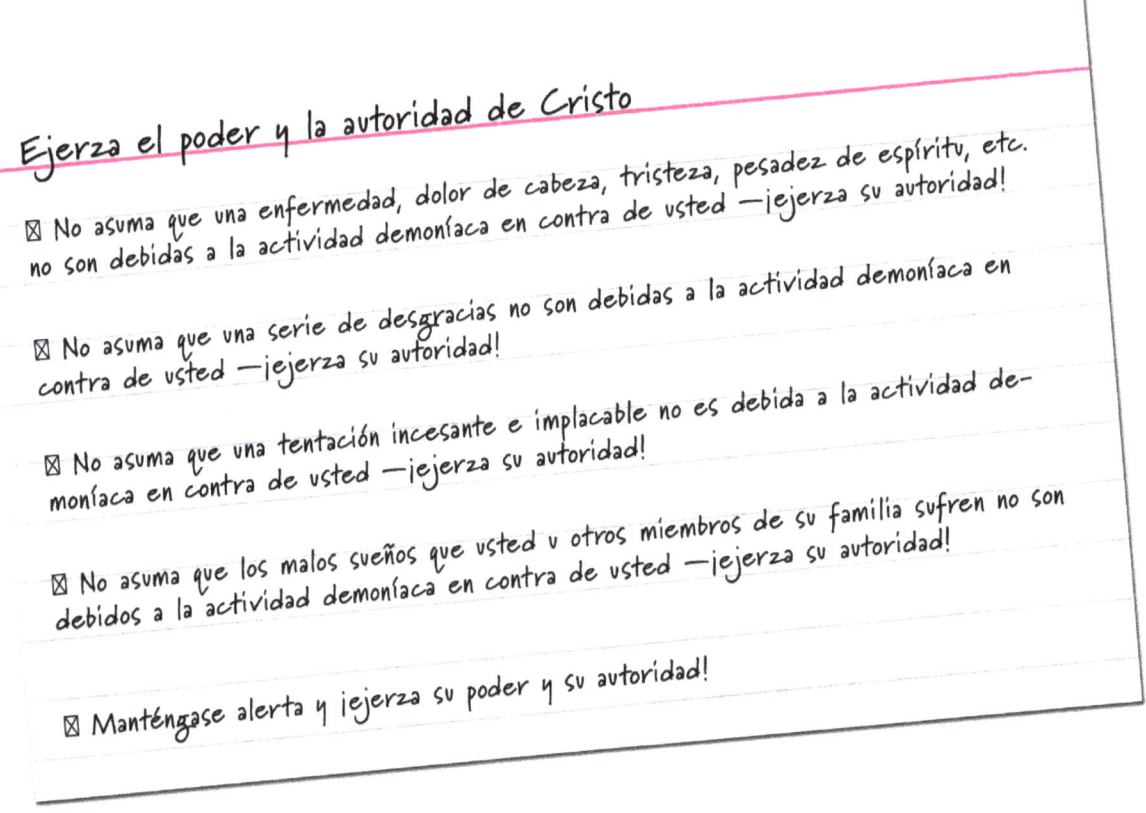

---

1 Kittel, G. Friedrich, G. , & Bromiley, G. W. (1995, c1985). *Theological Dictionary of the New Testament.* Traducción de: *Theologisches Worterbuch zum Neuen Testament.* (187). Grand Rapids, Mich.: W. B. Eerdmans.

2. Arndt, W. Gingrich, F. W. Danker, F. W., & Bauer, W (1996, c1979). *A Greek-English Lexicon of the New Testament and Other Early Christian Literature: Traducción y adaptación de la cuarta edición revisada y aumentada de Walter Bauer: Griechisch-deutsches Worterbuch zu den Schrift en des Neuen Testaments und der ubrigen urchristlichen Literatur* (277). Chicago: University of Chicago Press.

SECCIÓN CINCO
Fortalezas

I. ¿QUÉ SON LAS FORTALEZAS?

Cualquiera que haya sido salvo más de cinco minutos habrá comprobado que los cristianos aún siguen pecando. ¿Quién de nosotros no se identifica con la angustiosa refriega del apóstol Pablo?

Y yo sé que en mí, esto es, en mi carne, no habita el bien, porque el querer el bien está en mí, pero no el hacerlo. No hago el bien que quiero, sino el mal que no quiero, eso hago. Y si hago lo que no quiero, ya no lo hago yo, sino el pecado que está en mí.

Así que, queriendo yo hacer el bien, hallo esta ley: que el mal está en mí, pues según el hombre interior, me deleito en la ley de Dios; pero veo otra ley en mis miembros, que se rebela contra la ley de mi mente, y que me lleva cautivo a la ley del pecado que está en mis miembros. ¡Miserable de mí! ¿Quién me librará de este cuerpo de muerte? ¡Gracias doy a Dios, por Jesucristo Señor nuestro! Así que, yo mismo con la mente sirvo a la ley de Dios, pero con la carne, a la ley del pecado.

Por tanto, si la fe en Jesús «nos libera», entonces ¿por qué hay creyentes sinceros que aman a Dios y siguen incurriendo en pecados dominantes, pensamientos lujuriosos, orgullo, depresión, temor, ira, y otras actitudes y conductas impías? ¿Pueden los creyentes ser cautivos de formas de pecado no instantáneamente resueltas cuando son salvos? La experiencia enseña que sí.

Pablo siguió explicando en su epístola a los cristianos de Corinto cómo exactamente se hace la mente (y por tanto la vida) cautiva del pecado y cómo podemos ser libres por medio de Jesucristo.

2 Corintios 10:3-5 (RV 1960) *Pues aunque andamos en la carne, no militamos según la carne; porque las armas de nuestra milicia no son carnales, sino poderosas en Dios para la destrucción de fortalezas, derribando argumentos y toda altivez que se levanta contra el conocimiento de Dios, y llevando cautivo todo pensamiento a la obediencia de Cristo.*

2 Corintios 10:3-5 (LBLA) *Pues aunque andamos en la carne, no luchamos según la carne; porque las armas de nuestra contienda no son carnales, sino poderosas en Dios para la destrucción de fortalezas; destruyendo especulaciones y todo razonamiento altivo que se levanta contra el conocimiento de Dios, y poniendo todo pensamiento en cautiverio a la obediencia de Cristo.*

Somos hechos cautivos — enseñan las Escrituras en este pasaje — por pensar equivocadamente. Y retenidos en cautiverio por las fortalezas.

A. ENTIÉNDASE QUÉ ES UNA FORTALEZA

Ejemplos prácticos:

1. Carnuntum

- ✓ Ciertos científicos, valiéndose del radar, han descubierto el corazón de un campamento militar romano del siglo primero. Carnuntum fue una de las fortalezas más estratégicas del imperio al norte de los Alpes.

- ✓ Un estudio computarizado ha revelado una amplia red de restaurantes, tabernas, baños públicos y centros de reunión. En su apogeo, a fines del segundo siglo de nuestra era, Carnuntum albergó a unas 50.000 personas.

2. Kandahar

- ✓ CNN.com, diciembre de 2001: «Los Talibán han rendido su último bastión, la ciudad sureña de Kandahar. Los Talibán entregarán el control de su sede espiritual a la tribu de ancianos locales a partir del viernes».

- ✓ Las fortalezas sirven de campamentos militares, defensas fortificadas (en un territorio), bases de operaciones, albergues y cuarteles generales.

B. ¿QUÉ ES UNA FORTALEZA ESPIRITUAL?

(En alusión a 2 Corintios 10:3-5)

- ✓ Las fortalezas son pensamientos, creencias, filosofías, actitudes, actos y valores que se oponen a la verdad de Dios (incluidas las verdades bíblicas que enseñan a vivir según su designio).

- ✓ Son potestades de razonamiento que se «levantan» contra el conocimiento de Dios. Contradicen y desafían arrogantemente a la persona, el carácter, los mandamientos, la Palabra y el amor del Padre.

- ✓ Forman parte de la estrategia satánica para engañar a las personas, matrimonios, fami-lias, iglesias, comunidades, culturas, instituciones y organizaciones haciéndoles creer y estimar lo que no está de acuerdo con la verdad de Dios. El enemigo ha intentado desde el principio que neguemos la verdad de Dios.

- ✓ En la medida en que nos opongamos a la verdad de Dios —en cualquier aspecto de la vida— daremos oportunidad a Satanás de establecer su fortaleza (su base de op-eraciones) en nuestra vida.

- ✓ El orgullo y la independencia de Dios, así como la autosuficiencia son algunas de las características de las actitudes que se levantan contra Dios.

Efesios 4:26-27 (NVI) *«Si os enojáis, no pequéis.» No dejéis que el sol se ponga estando aún enojados, ni deis cabida al diablo.*

- La verdad es más que un conocimiento de libro. La verdad define literalmente el curso de la vida. Jesús dijo en Juan 8:31-32: «Si vosotros permanecéis en mi palabra, seréis verdaderamente mis discípulos; y conoceréis la verdad y la verdad os hará libres».

C. ¿CÓMO SE CONSTRUYE UNA FORTALEZA?

Las fortalezas se levantan permitiendo que el enemigo tenga «lugar» u «oportunidad» en nuestras vidas a través del pecado.

La palabra griega *topos* se traduce por lugar, oportunidad, dar pie o cabida, en las versiones que aparecen más abajo. Es una palabra con amplio significado, pero se define básicamente como «territorio, tierra: en el uso más antiguo y claro del singular significa un lugar definido; luego un territorio específico, área o país; distrito, ciudad, morada».

Efesios 4:26-27 (RV 1960) *Airaos, pero no pequéis; no se ponga el sol sobre vuestro enojo, ni deis lugar al diablo.*

Efesios 4:26-27 (LBLA) *Airaos, pero no pequéis; no se ponga el sol sobre vuestro enojo, ni deis oportunidad al diablo.*

Efesios 4:26-27 (NVI) *«Si os enojáis, no pequéis.» No dejéis que el sol se ponga estando aún enojados, ni deis cabida al diablo.*

D. EL AVANCE DE LAS FORTALEZAS LEVANTADAS

- Aunque los discípulos de Jesucristo pertenecen a Dios, pueden dar al enemigo un lugar o jurisdicción en sus vidas si no confiesan o no se arrepienten de sus pecados.
- La construcción satánica de fortalezas comienza en los pensamientos. Por eso Pablo declara que la transformación del creyente comienza con la renovación de la mente.

Romanos 12:2 *No os conforméis a este mundo, sino transformaos por medio de la renovación de vuestro entendimiento, para que comprobéis cuál es la buena voluntad de Dios, agradable y perfecta.*

Las decisiones se toman apoyándose en los pensamientos; las decisiones pasan a ser actos, y éstos pronto se convierten en valores por los que se vive. Estos valores definen a la persona y llegan a convertirse en estilos de vida. Si los pensamientos fundamentales son errados, al final las decisiones, acciones, valores y estilo de vida se opondrán a la verdad de Dios. Y llegado ese punto, la persona sufrirá varios grados de atadura a medida que Satanás edifica su fortaleza en su vida gracias al espacio de jurisdicción que se le haya concedido.

Atadura
Estilo de vida
Valores
Acciones
Decisiones
Pensamientos

Si se mira el diagrama como si fuera una pirámide, entonces se verá que las conductas ocupan «el vértice superior». Son cosas que se ven: las ataduras que deseamos romper desesperadamente, los pecados obsesivos que anhelamos deshacer. No obstante, esas cosas están enraizadas a mucha mayor profundidad, anchura, por debajo del «nivel de flotación» de la vida personal. Comienzan con los pensamientos más íntimos.

E. EL MATERIAL DE CONSTRUCCIÓN DE LAS FORTALEZAS

Escritura	Acceso demoníaco a la fortaleza
Efesios 4:26-27 *...no deis oportunidad al diablo*	ira
2 Timoteo 2:24-26	cualquier oposición a la verdad de Dios
Hebreos 2:14-15 *...así que, por cuanto los hijos participaron de carne y sangre, él también participó de lo mismo para destruir por medio de la muerte al que tenía el imperio de la muerte, esto es, al diablo, y librar a todos los que por el temor de la muerte estaban durante toda la vida sujetos a servidumbre.* **2 Timoteo 1:7** *Porque no nos ha dado Dios espíritu de cobardía, sino de poder, de amor y de dominio propio.*	temor
Mateo 16:23	metas temporales en torno al hombre
Lucas 9:54-56	condenación farisaica
Hechos 5:3 *Pedro le dijo: Ananías, ¿por qué llenó Satanás tu corazón para que mintieras al Espíritu Santo?*	hipocresía, codicia, mentira
Santiago 3:14-15 *Pero si tenéis celos amargos y rivalidad en vuestro corazón, no os jactéis ni mintáis contra la verdad. No es esta la sabiduría que desciende de lo alto, sino que es terrenal, animal, diabólica.*	envidia amarga, ambición egoísta
Juan 8:43-45	mentira
2 Corintios 2:10-11	falta de perdón
Efesios 2:1-2	mundanalidad
1 Corintios 10:20-21	idolatría
1 Timoteo 5:13-15 *Y también aprenden a ser ociosas...también chismosas y entrometidas...porque ya algunas se han apartado en pos de Satanás.*	ociosidad, pereza, murmuración, intromisión
1 Timoteo 6:9	codicia, materialismo
1 Timoteo 1:19-20	conciencia violada
1 Corintios 5:1-5	inmoralidades sexuales, falta de arrepentimiento
2 Timoteo 3:5; 2 Corintios 11:13-15; Hechos 5:1-3	religión(es) falsa(s), espíritu religioso, pseudo-espiritualidad, posición, reconocimiento

II. ENTIÉNDASE LA COMPOSICIÓN HUMANA Y CÓMO SE LEVANTAN FORTALEZAS EN LAS PERSONAS

A. LOS SERES HUMANOS SON TRIPARTITOS

Los seres humanos están compuestos de tres partes: cuerpo, alma y espíritu.

1 Tesalonicenses 5:23 (RV 1960) *Y el mismo Dios de paz os santifique por completo; y todo vuestro ser, espíritu, alma y cuerpo, sea guardado irreprensible para la venida de nuestro Señor Jesucristo.*

Hebreos 4:12 (RV 1960) *Porque la palabra de Dios es viva y eficaz, y más cortante que toda espada de dos filos; y penetra hasta partir el alma y el espíritu, las coyunturas y los tuétanos, y discierne los pensamientos y las intenciones del corazón.*

Esta distinción es necesaria para entender que los seres demoníacos se pueden relacionar con los seres humanos. ¿Qué influencia pueden ejercer sobre los creyentes?

El diagrama siguiente muestra los tres componentes bíblicos del ser humano y las características de cada uno de ellos:

CUERPO
- Conciencia del mundo material
- Cinco sentidos, salud física y apariencia

ALMA
- Conciencia del yo (persona interior)
- Mente, emociones y voluntad

ESPÍRITU
- Conciencia de Dios

B. LOS HUMANOS Y LA SUSCEPTIBILIDAD DEMONÍACA

El espíritu humano está espiritualmente muerto para Dios y sus estímulos (por ejemplo, su obra, su presencia, su voz). Pero cuando una persona nace de nuevo, su espíritu se vivifica y se asegura en Jesucristo.

Efesios 2:1, 6 (LBLA) *Y Él os dio vida a vosotros, que estabais muertos en vuestros delitos y pecados …aun cuando estábamos muertos en nuestros delitos, nos dio vida juntamente con Cristo (por gracia habéis sido salvados), y con El nos resucitó, y con El nos sentó en los lugares celestiales en Cristo Jesús.*

Tito 3:5 *Nos salvó, no por obras de justicia que nosotros hubiéramos hecho, sino por su misericordia, por el lavamiento de la regeneración y por la renovación en el Espíritu Santo.*

El alma humana es el principal blanco del enemigo para establecer fortalezas. La mente, las emociones y la voluntad son un terreno esencial, la primera área que el enemigo desea comprometer.

El cuerpo humano es vulnerable a los ataques demoníacos, cuyos efectos son las enfermedades físicas. Hay veces en que las cuestiones de salud son meramente fisiológicas debido a que vivimos en cuerpos perecederos. No obstante, hay mucha evidencia bíblica y práctica que indica que la enfermedad física puede deberse a la actividad demoníaca.

Entiéndase el triple campo de batalla del cristiano

El triple frente de batalla es el mundo, la carne y el reino de Satanás.

1. **El mundo no es solamente tierra, aire, agua y espacio; es un sistema u orden.** Satanás se identifica como el gobernador de este orden o sistema mundano, que en esencia es hostil a Dios.

Juan 12:31 (RV 1960) *Ahora es el juicio de este mundo; ahora el príncipe de este mundo será echado fuera.*

Santiago 4:4 (LBLA) *¡Oh almas adúlteras! ¿No sabéis que la amistad del mundo es enemistad hacia Dios? Por tanto, el que quiere ser amigo del mundo, se constituye enemigo de Dios.*

2. 2. **La carne es la naturaleza pecaminosa de la humanidad que se rebela contra Dios y sus caminos.** Lo mismo que el sistema mundano se opone a Dios, así también la carne de la humanidad.

Romanos 8:5-7 *Los que son de la carne piensan en las cosas de la carne; pero los que son del Espíritu, en las cosas del Espíritu. El ocuparse de la carne es muerte, pero el ocuparse del Espíritu es vida y paz, por cuanto los designios de la carne son enemistad contra Dios, porque no se sujetan a la Ley de Dios, ni tampoco pueden.*

Gálatas 5:16-17 *Digo, pues: Andad en el Espíritu, y no satisfagáis los deseos de la carne, porque el deseo de la carne es contra el Espíritu y el del Espíritu es contra la carne; y estos se oponen entre sí, para que no hagáis lo que qui-sierais.*

3. **La Biblia afirma claramente que el reino de Satanás está entregado a oponerse a Dios y a su creación, incluidas las personas.** Jesús se entregó implacable y vigorosamente a librar a la gente de la actividad demoníaca.

Lucas 6:17-19 *Descendió con ellos y se detuvo en un lugar llano, en compañía de sus discípulos y de una gran multitud de gente de toda Judea, de Jerusalén y de la costa de Tiro y de Sidón que había venido para oírlo y para ser sanados de sus enfermedades; también los que habían sido atormentados por espíritus impuros eran sanados. Toda la gente procuraba tocarlo, porque poder salía de él y sanaba a todos.*

Efesios 2:1-3 resume la interrelación de estos tres frentes de batalla en la vida de la persona antes de recibir la salvación de Cristo:

Efesios 2:1-3 (LBLA) *Y Él os dio vida a vosotros, que estabais muertos en vuestros* *delitos y pecados, en los cuales anduvisteis en otro tiempo según la corriente de este mundo, conforme al príncipe de la potestad del aire, el espíritu que ahora opera en los hijos de desobediencia, entre los cuales también todos nosotros en otro tiempo vivíamos en las pasiones de nuestra carne, satisfaciendo los deseos de la carne y de la mente, y éramos por naturaleza hijos de ira, lo mismo que los demás.*

Pablo aclara que nuestra batalla fundamental no es contra carne y sangre sino contra espíritus malignos que procuran usar nuestra carne y el sistema mundano contra nosotros con ataques y conflictos espirituales.

Efesios 6:12 *Porque no tenemos lucha contra sangre y carne, sino contra principados, contra potestades, contra los gobernadores de las tinieblas de este mundo, contra huestes espirituales de maldad en las regiones celestes.*

Una soga de tres cabos

Imagine que la lucha contra el enemigo de nuestras almas es como una soga de tres cabos. Para cortar la «soga» que nos retiene esclavizados, los cristianos debemos actuar contra los tres cabos y no dejar ninguno sin cortar.

- ✓ Cabo uno: el mundo; renuncie a las mentiras del sistema mundano con la verdad.

- ✓ Cabo dos: la carne; mortifique la carne pecaminosa ejerciendo la verdad mediante la obediencia a la Palabra, el carácter y el Espíritu de Dios.

- ✓ Cabo tres: el reino de Satanás; tome autoridad directa contra Satanás y sus demonios para poder obtener una verdadera victoria y ser librado de sus fortalezas, para ser «verdaderamente libre».

III. FORTALEZAS DE PECADOS DE DÉFICIT DE AMOR

A. AHOGAMIENTO DE LAS MENTIRAS DEL ENEMIGO

El increíble amor de Dios por usted

- ✓ El arma principal que Satanás usa contra usted es hacerle creer que Dios no le ama.

Sofonías 3:17 (NVI)
Porque el SEÑOR tu Dios está en medio de ti como guerrero victorioso. Se deleitará en ti con gozo, te renovará con su amor, se alegrará por ti con cantos.

Romanos 5:8 *Pero Dios muestra su amor para con nosotros, en que siendo aún pecadores, Cristo murió por nosotros.*

Romanos 8:35-37 *¿Quién nos separará del amor de Cristo? ¿Tribulación, angustia, persecución, hambre, desnudez, peligro o espada? Como está escrito: «Por causa de ti somos muertos todo el tiempo; somos contados como ovejas de matadero». Antes, en todas estas cosas somos más que vencedores por medio de aquel que nos amó.*

B. EJERCIENDO EL PODER DE DIOS Y EXPERIMENTANDO SU AMOR

- ✓ Para estar lleno del poder de Dios debe ser capaz de aceptar y experimentar su gran amor por usted.

Efesios 3:14-21 *Por esta causa doblo mis rodillas ante el Padre de nuestro Señor Jesucristo (de quien toma nombre toda familia en los cielos y en la tierra), para que os dé, conforme a las riquezas de su gloria, el ser fortalecidos con poder en el hombre interior por su Espíritu; que habite Cristo por la fe en vuestros corazones, a fin de que, arraigados y cimentados en amor, seáis plenamente capaces de comprender con todos los santos cuál sea la anchura, la longitud, la profundidad y la altura, y de conocer el amor de Cristo, que excede a todo conocimiento, para que seáis llenos de toda la plenitud de Dios. Y a Aquel que es poderoso para hacer todas las cosas mucho más abundantemente de lo que pedimos o entendemos, según el poder que actúa en nosotros, a él sea gloria en la iglesia en Cristo Jesús por todas las edades, por los siglos de los siglos. Amén.*

¿Por qué pensaba Pablo que es tan importante experimentar el asombroso amor de Cristo? ¿Por qué elevaba constantemente esta oración por los creyentes de Éfeso? Porque el amor es esencial y fundamental para nuestra personalidad:

- ✓ Dios es amor.
- ✓ Hemos sido hechos a su imagen
- ✓ Dios no puede amarnos más de lo que nos ama hoy, pero nosotros podemos acercarnos cada vez más a una mayor revelación y experiencia de su amor.

C. DIOS SE REGOCIJA SOBRE USTED

Sofonías 3:17 (NVI) *El SEÑOR tu Dios… se alegrará por ti con cantos.*

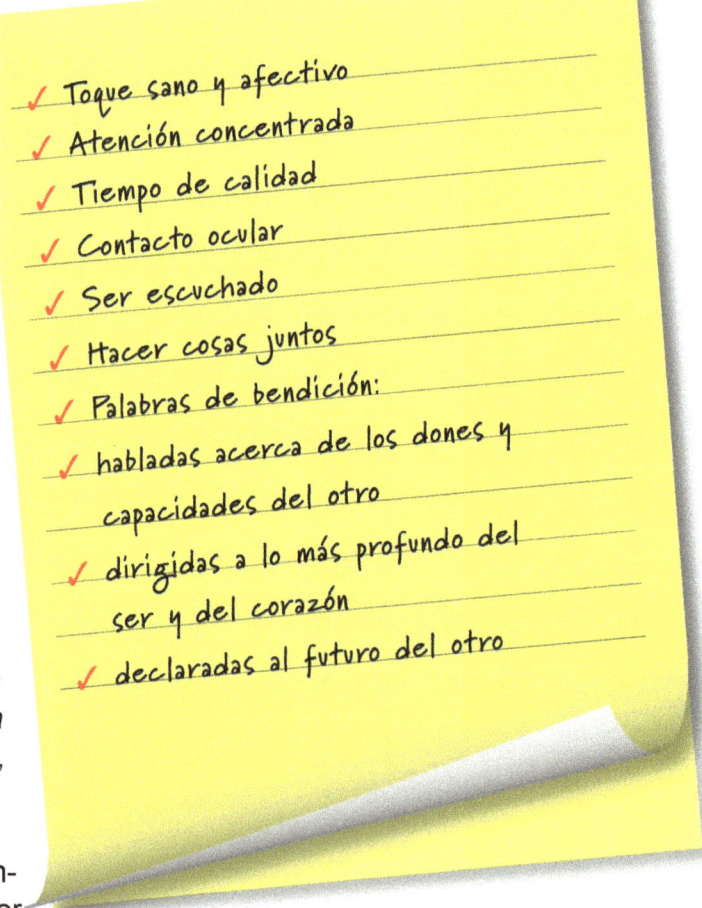

✓ Toque sano y afectivo
✓ Atención concentrada
✓ Tiempo de calidad
✓ Contacto ocular
✓ Ser escuchado
✓ Hacer cosas juntos
✓ Palabras de bendición:
✓ habladas acerca de los dones y capacidades del otro
✓ dirigidas a lo más profundo del ser y del corazón
✓ declaradas al futuro del otro

D. EL INCOMPRENSIBLE AMOR DE DIOS POR USTED REPRENDE AL ENEMIGO

Efesios 2:4 *Pero Dios, que es rico en misericordia, por su gran amor con que nos amó…*

Zacarías 3:1-4 *Luego me mostró al Sumo sacerdote Josué, el cual estaba delante del ángel de Jehová, mientras el Satán estaba a su mano derecha para acusarlo. Entonces dijo Jehová al Satán: «¡Jehová te reprenda, Satán! ¡Jehová, que ha escogido a Jerusalén, te reprenda! ¿No es este un tizón arrebatado del incendio?» Josué, que estaba cubierto de vestiduras viles, permanecía en pie delante del ángel. Habló el ángel y ordenó a los que estaban delante de él: «Quitadle esas vestiduras viles». Y a él dijo: «Mira que he quitado de ti tu pecado y te he hecho vestir de ropas de gala».*

E. CÓMO SE IMPARTE EL AMOR

Dios nos hizo a todos con una necesidad absoluta de amor. El amor es lo que establece nuestro valor, dignidad, importancia y seguridad. El amor expresado en maneras tangibles es parte del diseño original de Dios para la humanidad:

F. PALABRAS QUE DEFINEN PECADOS QUE ENGENDRAN NECESIDADES DE AMOR INSATISFECHO

- ✓ Rechazo: todo lo que no alcanza un máximo de delicia, afirmación y sana relación

- ✓ Abandono: cuando los padres se ausentan (no necesariamente por culpa suya)

- ✓ Traición: cuando los padres no son fieles y traicionan la confianza

- ✓ Retención: cuando los padres retienen el amor o la expresión amorosa, normalmente por deficiencias en su propio sentimiento de autoestima y falta de destreza para relacionarse.

- ✓ Abuso:
    → físico
    → verbal
    → emocional
    → sexual

- ✓ Control: cuando los padres toman demasiadas decisiones por sus hijos, e incluso les presionan y/o les amenazan

- ✓ Sofoco: exceso de emoción, necesitado y exigente

- ✓ Abandono: falta de cuidado y atención

- ✓ Amor condicional: amor y aceptación retenidos hasta demostrar una conducta aceptable (según la expectativa de los padres)

- ✓ Aceptación basada en la actuación: falsas expectativas, padres que necesitan que sus hijos triunfen/consigan logros
- ✓ Dominio: uso del temor y la intimidación para controlar a otros
- ✓ Vergüenza: cuando los padres usan la culpa, la vergüenza o el sonrojo para manipular a sus hijos para que se les sometan

G. RESPUESTAS PECAMINOSAS A LA PRIVACIÓN DE AMOR

1. **Cuando una persona es privada de amor, queda comprometido el fundamento del pleno y sano desarrollo que Dios diseñó para ella.**

   - ✓ Cuando hay privación de amor, hay abundancia de rechazo.
   - ✓ Cuando el amor se retira, queda una pérdida de importancia y de seguridad.
   - ✓ En la medida en que la gente experimenta un déficit de amor, experimentará una pérdida de valor personal y de autoestima.
   - ✓ Las respuestas y mecanismos de defensa utilizados para compensar los déficit de amor afectan al concepto que uno tiene de sí mismo y de otros, así como a su personalidad.

2. **La «privación de amor» cultiva respuestas pecaminosas y empuja a la persona a formas de pensamiento y conducta inmaduras e impías.**

   - ✓ Esto es especialmente importante en los primeros años de desarrollo de la persona.
   - ✓ Desarrolla modelos para intentar captar ilícitamente amor e importancia; y/o de autodefensa para protegerse de las ofensas o el rechazo; y/o intentar ilícitamente obtener importancia y seguridad.

3. **Cuanto más tiempo vive una persona «respondiendo pecaminosamente» a la privación de amor y de verdad en su vida, tanto más esas respuestas definirán su carácter.**

   - ✓ Les resulta más difícil percibir los asuntos, porque desarrollan destrezas o mecanismos de defensa para gestionar el

Romanos 2:4 (LBLA)
¿O tienes en poco las riquezas de su bondad, tolerancia y paciencia, ignorando que la bondad de Dios te guía al arrepentimiento?

daño emocional, social y espiritual que han sufrido.

- ✓ Muchas veces estos «puntos ciegos» pueden ser mejor discernidos e identificados por otros y mediante revelación del Espíritu Santo (normalmente somos la última persona en ver quién somos y qué somos).

4. **Las respuestas pecaminosas de las personas son, por lo general, predominantemente pasivas o agresivas.** Aunque nunca sea absolutamente lo uno o lo otro (lo más probable es que sea una mezcla), habrá un acento dominante. La tabla siguiente muestra algunas de las respuestas pecaminosas a las deficiencias de verdad y de amor en nuestra vida.

IV. CLAVES PARA DERRIBAR FORTALEZAS

A. COMBATIMOS CON PODEROSAS ARMAS ESPIRITUALES

- ✓ Vivimos en un mundo de carne y sangre, pero nuestra guerra es espiritual y debe ser librada con armas espirituales.

- ✓ No luchamos contra carne y sangre sino contra seres espirituales malignos (potestades de las tinieblas). Los espíritus demoníacos que orquestan y ejecutan los planes de Satanás no pertenecen al mundo natural.

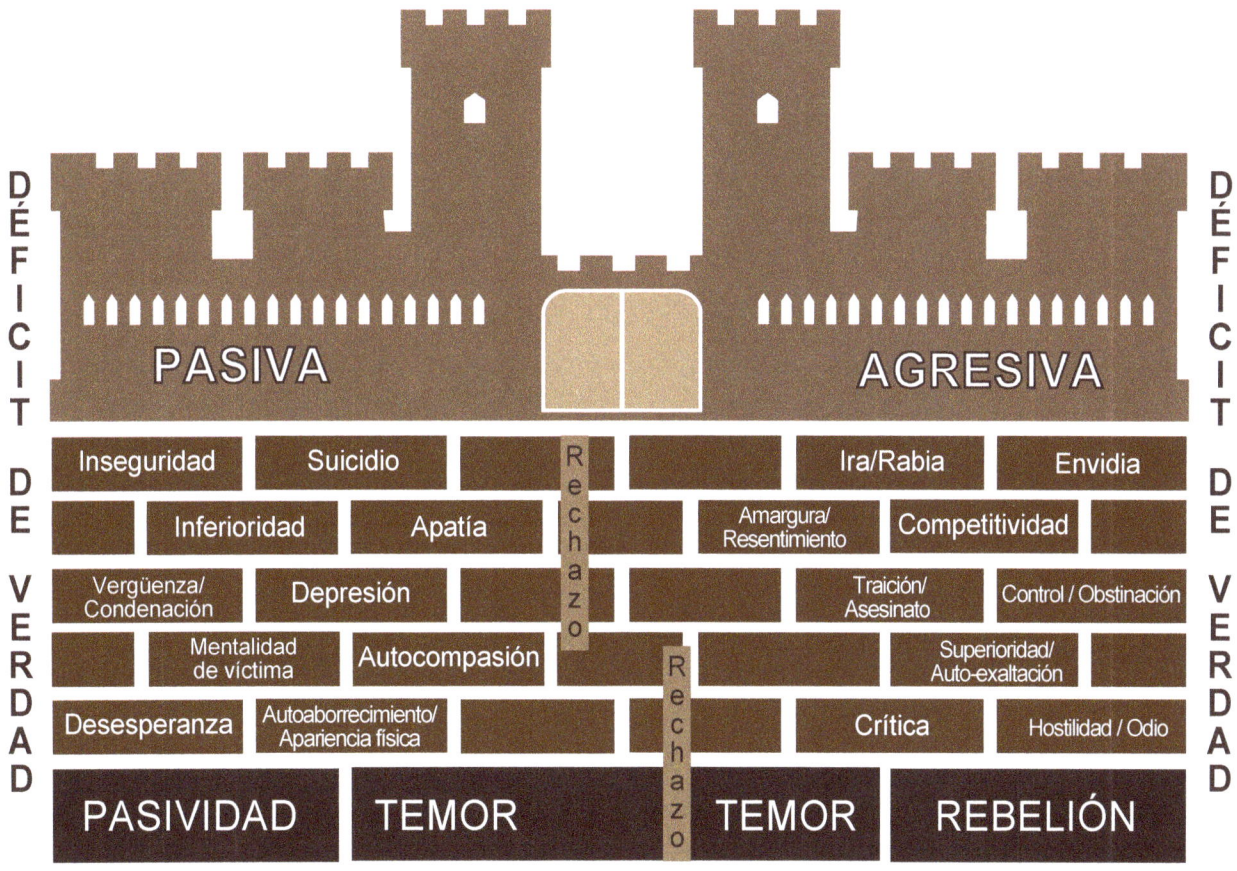

Nota: La respuesta pecaminosa definitiva del lado pasivo se demuestra en el suicidio, mientras que la respuesta pecaminosa definitiva del lado agresivo se demuestra en el asesinato.

Recuerde:

Efesios 6:12 *Porque no tenemos lucha contra sangre y carne, sino contra principados, contra potestades, contra los gobernadores de las tinieblas de este mundo, contra huestes espirituales de maldad en las regiones celestes.*

B. EL DON DEL ARREPENTIMIENTO

La verdad básica para la destrucción de fortalezas es el «arrepentimiento». El arrepentimiento no es introspección mórbida ni tristeza mundana. El arrepentimiento es un don maravilloso y un privilegio que Dios nos ha concedido, que abre la puerta al perdón, a la vida y al conocimiento de la verdad.

Hechos 5:29-31 (RV 1960) *...A éste, Dios ha exaltado con su diestra por Príncipe y Salvador, para dar a Israel arrepentimiento y perdón de pecados.*

Hechos 11:18 (RV 1960) *...¡De manera que también a los gentiles ha dado Dios arrepentimiento para vida!*

2 Timoteo 2:25 (LBLA) *Corrigiendo tiernamente a los que se oponen, por si acaso Dios les da el arrepentimiento que conduce al pleno conocimiento de la verdad.*

Romanos 2:4 (LBLA) *¿O tienes en poco las riquezas de su bondad, tolerancia y paciencia, ignorando que la bondad de Dios te guía al arrepentimiento?*

C. EL VERDADERO ARREPENTIMIENTO

- ✓ En los versículos precedentes la palabra griega *metanoia* se traduce por arrepentimiento. Significa literalmente «un cambio de mente». El verdadero arrepentimiento está lleno de implicaciones radicales, porque supone dejar algo atrás y escoger algo diferente.

- ✓ El arrepentimiento transforma la vida, los valores, las actitudes y los actos. El verdadero arrepentimiento bíblico abarca todo nuestro ser: mente, voluntad y emociones. Produce nuevos pensamientos y creencias, nuevas palabras y actos, y, más tarde o más temprano, nuevas emociones.

- ✓ No basta con sentir tristeza por el pecado; tiene que haber un cambio de valores, de sistema de creencias y de estilo de vida para hacer cambios concretos y abandonar el pecado. Es importante notar que el arrepentimiento es un proceso continuo.

- ✓ Las Escrituras enseñan que es peligroso no sustituir el pecado confesado por una conducta justa. El enemigo volverá a reocupar el vacío que deja la confesión no acompañada de arrepentimiento genuino.

Mateo 12:43-45 *Cuando el espíritu impuro sale del hombre, anda por lugares secos buscando reposo, pero no lo halla. Entonces dice: "Volveré a mi casa, de donde salí". Cuando llega, la halla desocupada, barrida y adornada. Entonces va y toma consigo otros siete espíritus peores que él, y entran y habitan allí; y el estado final de aquel hombre viene a ser peor que el primero. Así también acontecerá a esta mala generación.*

D. LA CLAVE ES EL PERDÓN

El perdón, como el arrepentimiento, es otra arma poderosa en manos del seguidor de Cristo. Lo mismo que hemos sido perdonados se nos conmina a perdonar. Toda falta de perdón que cobijemos es un punto de acceso para el enemigo de nuestra vida.

- ✓ Igual que nos arrepentimos de nuestros pecados, así debemos perdonar a los que pecan contra nosotros.

- ✓ Puesto que se nos han perdonado nuestras deudas, tenemos el privilegio de liberar a otros.

Diagrama circular:
- 1. DAÑO Y DOLOR
- 2. IRA (no es justa)
- 3. AUTO-PROTECCIÓN (Retiro o endurecimiento; activo o pasivo)
- 4. NIVELES DE RESENTIMIENTO Y AMARGURA
- 5. CONDUCTA DESTRUCTIVA (pecado declarado y transigencia espiritual, emocional y mental)
- 6. EL CICLO SE REPITE Y SE AHONDA

Centro: VIOLACIÓN (daño activo o descuido pasivo; sentimientos de rechazo, traición abandono, etc.) POSIBLE ACCESSO DEMONÍACO EN CADA FASE

Mateo 6:12-15 (NVI) *«Perdónanos nuestras deudas, como también nosotros hemos perdonado a nuestros deudores. Y no nos dejes caer en ten-tación, sino líbranos del maligno». Porque si perdonáis a otros sus ofensas, también os perdonará a vosotros vuestro Padre celestial. Pero si no perdonáis a otros sus ofensas, tampoco vuestro Padre os perdonará a vosotros las vuestras.*

Mateo 18:21, 22 (NVI) *Pedro se acercó a Jesús y le preguntó: «Señor, ¿cuántas veces tengo que perdonar a mi hermano que peca contra mí? ¿Hasta siete veces?» «No te digo que hasta siete veces, sino hasta setenta y siete veces», le contestó Jesús.*

Colosenses 3:13 (NVI) *De modo que os toleréis unos a otros y os perdonéis si alguno tiene queja contra otro. Así como el Señor os perdonó, perdonad también vosotros.*

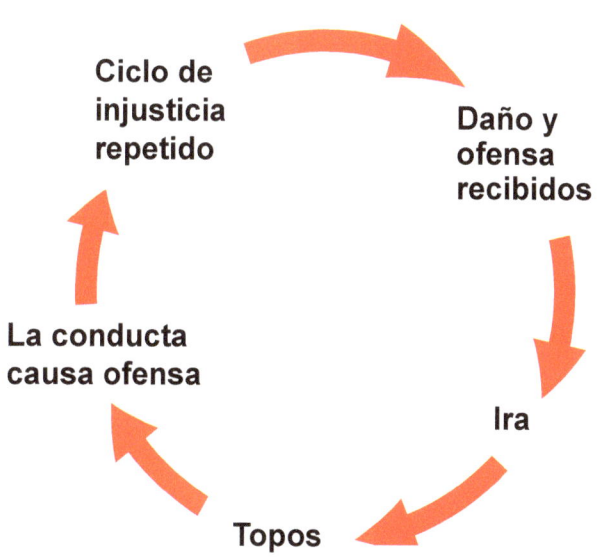
Ciclo de injusticia repetido → Daño y ofensa recibidos → Ira → Topos → La conducta causa ofensa

El plan básico del enemigo contra la humanidad ha sido desde el principio provocar ira en nosotros y atraparnos en un ciclo de pecado, ira y falta de perdón (véase Génesis 4:7; 2 Corintios 2:11; Efesios 4:26-27; 1 Pedro 5:8). Este ciclo puede atrapar a cualquiera de nosotros. Aunque usted no se vengue agresivamente contra alguien a quien no ha perdonado, aún puede actuar siguiendo un ciclo de ofensas, resentimiento y amargura. El único remedio: ¡perdón sincero y escandaloso!

Usted puede tomar la iniciativa y detener el proceso en cualquier punto del ciclo — pero es más fácil hacerlo inmediatamente después de que se ha producido una violación o injusticia contra usted, antes que la herida se enquiste y la amargura tenga oportunidad de brotar. «Aseguraos de que nadie deje de alcanzar la gracia de Dios —advirtió el autor de la epístola a los Hebreos, teniendo posiblemente en cuenta esta clase de ciclo —; de que ninguna raíz amarga brote y cause dificultades y corrompa a muchos» (Hebreos 12:15, NVI).

Tal vez tenga usted que perdonar en su corazón más de una vez, ya que la herida de la misma ofensa puede intentar abrirse repetidamente. No permita que el enemigo logre establecer un asidero. A veces un incidente concreto puede ser tan doloroso que se hace necesario tratarlo repetidamente por lo que concierne al perdón. Si esto es necesario, sea implacable. Jesús dijo a Pedro que tendría que perdonar no sólo una vez, sino setenta veces siete, si fuera necesario (Mateo 18:20).

Así pues, ¿cómo nos apartaremos de las ofensas y viviremos en la libertad del perdón? El siguiente diagrama ilustra el ciclo de la falta de perdón y cómo una persona puede en cualquier momento abortar el ciclo mediante el perdón bíblico:

1. DAÑO Y DOLOR

2. IDENTIFIQUE EL NOMBRE (injusticia y ofensa, daño y dolor)

3. CONFIESE (pensamientos y emociones de ira, retribución, etc.)

4. ARREPÍENTASE Y RESISTA (respuestas pecaminosas de los mecanismos de autodefensa)

5. BENDIGA Y LIBRE (con oraciones, palabras y hechos)

6. EL CICLO SE REPITE Y SE AHONDA

PERDÓN DE LA VOLUNTAD Capacitación del Espíritu Santo disponible en cada fase

¿ES POSIBLE SER INMUNE A LAS OFENSAS?

Sí, es posible ser inmune y romper el ciclo de ofensas con el perdón. Considere cada acto de perdón como si quitara una piedra de un arroyo embalsado. Hasta la más pequeña pizca de ofensa o resentimiento que uno alimenta concede lugar al diablo; allí él coloca una piedra de amargura o de falta de perdón. Después de un tiempo, tales piedras obstruyen el arroyo del corazón. La liberación del Espíritu Santo en nuestra vida queda efectivamente interrumpida, lo que pone de manifiesto nuestra incapacidad de relacionarnos adecuadamente con Dios y con las personas que nos rodean —incluso con nuestros seres queridos—. Este no fue el designio original que Dios tuvo para nosotros. Jesús dijo que su plan para su pueblo consistía en que «de su interior brotaran ríos de agua viva» (Juan 4:14).

El perdón reconquista el terreno que se había perdido ante el enemigo mediante el pecado de la ofensa, restaura para con Dios y para con los otros.

El perdón tiene gran poder:

- ✓ libera las bendiciones celestiales

- ✓ rompe influencias espirituales destructivas

- ✓ libera para experimentar el poder de Dios en vidas restauradas y libres.

- ✓ permite que la liberación y la sanidad tengan lugar.

- ✓ es el acto de «desatar» (Mateo 18:18).

El perdón comienza con la voluntad. La extensión del perdón es una transacción de la voluntad y de la mente; muchas veces seguirán las emociones. Pero a medida que Dios profundiza su obra en nuestra vida, con el tiempo, afectará a los sentimientos y producirá actos de perdón y bendición. El siguiente diagrama ilustra cómo podemos ejercer el perdón, y la vida y la libertad que le acompañan.

Para librarse de la falta de perdón por la oración

A continuación se ofrece un modelo de oración, no una fórmula. La cuestión es orar con un corazón sincero. Puede comenzar el proceso de interrupción del ciclo de falta de perdón para vivir libre del mismo orando de este modo:

Querido Padre celestial: Reconozco ante ti el pecado cometido contra mí por _____ (nombre a la persona y la ofensa delante del Señor). Lo que él o ella me hicieron estaba mal. Escojo hoy cancelar la deuda que siento que se me debe. Libro a _____ de mi juicio y le pongo en tus manos. Le perdono. Le bendigo. Escojo no hacerle pagar, no buscar su aprobación ni tratar de rescatarle de sus propios problemas. Te ruego que liberes más y más el poder de tu Espíritu Santo para ayudarme a superar esta ofensa y avanzar en mi vida con gozo y obediencia a ti.

Me arrepiento de mi ira y amargura (nombre otras reacciones pecaminosas hacia la persona) y recibo tu perdón. Señor, reprendo a todo espíritu maligno que intente asentarse en mi vida y atizar la ira, la amargura o el resentimiento. Rehúso darles espacio alguno en mi corazón. Ordeno que el poder de la influencia del enemigo se detenga ahora y huya de mí, en el nombre de Jesús.

Señor, te pido que vengas y me sanes, me restaures y me avives; inunda mi alma con tu vida y tu paz. Elijo andar en tu libertad y en tu gracia en los días venideros, Amén.

SECCIÓN VI
Pecados generacionales, ataduras de alma y maldiciones

A veces los problemas parecen resistir obstinadamente la sanidad y el cambio, no sólo porque son atizados espiritualmente por el enemigo, sino también porque son «generacionales» por naturaleza. Así como la sombra proyectada por una persona puede hacer sombra sobre otra, los pecados de las generaciones precedentes pueden repercutir espiritualmente sobre nuestra vida hoy.

El concepto de pecado generacional resulta difícil de entender para los cristianos occidentales contemporáneos, tal vez porque vivimos en una sociedad tan individualista. A diferencia de otras culturas más volcadas en la vida comunitaria, a los occidentales nos es difícil aceptar que somos responsables de la conducta de otros. Tendemos a negar que nuestros actos puedan provocar profunda influencia espiritual en la gente que nos rodea. No obstante, hay evidencia, tanto bíblica como empírica, de que la influencia espiritual del pecado puede ser compartida por una familia o comunidad, e incluso transmitida de generación en generación.

I. FORTALEZAS GENERACIONALES

A. FUNDAMENTO BÍBLICO

✓ Las Escrituras enseñan claramente que tanto las bendiciones como las maldiciones pasan de generación en generación.

✓ Esto se ve en última instancia en el hecho de que a través del pecado de Adán en el Edén todos los humanos recibieron su naturaleza pecaminosa.

Romanos 5:12 (NVI) *Por medio de un solo hombre el pecado entró en el mundo, y por medio del pecado entró la muerte; fue así como la muerte pasó a toda la humanidad, porque todos pecaron.*

✓ Otra forma de exponerlo sería decir que uno vive bajo la sombra proyectada por las vidas de las generaciones del árbol genealógico de su familia. Cómo vivo mi vida puede afectar a las generaciones que vengan después de mí.

- ✓ Los pecados generacionales pueden ser parte del motivo por el que algunas familias o comunidades no parecen nunca ser capaces de romper ciclos como la pobreza, la ilegitimidad y la delincuencia.
- ✓ Una fortaleza generacional puede hacer que una persona esté predispuesta a ciertas conductas o emociones que no tienen explicación lógica en el ámbito natural, porque proceden de fortalezas establecidas en pasadas generaciones.
- ✓ Para los que pertenecen a la cultura occidental, esto es difícil de comprender porque va en contra de la mentalidad individualista. Sin embargo, la mayor parte del resto del mundo, que tiende a volcarse más en la comunidad, vive de buena gana a la luz de esta realidad.

Éxodo 20:5-6 (NVI) *No te inclines delante de ellos ni los adores. Yo, el SEÑOR tu Dios, soy un Dios celoso. Cuando los padres son malvados y me odian, yo castigo a sus hijos hasta la tercera y cuarta generación. Por el contrario, cuando me aman y cumplen mis mandamientos, les muestro mi amor por mil generaciones.*

Salmo 112:1-2 (NVI) *¡Aleluya! ¡Alabado sea el SEÑOR! Dichoso el que teme al SEÑOR, el que halla gran deleite en sus mandamientos. Sus hijos dominarán el país; la descendencia de los justos será bendecida.*

Juan 9:1-2 *Al pasar Jesús vio a un hombre ciego de nacimiento. Y le preguntaron sus discípulos, diciendo: Rabí, ¿quién pecó, este o sus padres, para que haya nacido ciego?*

Mateo 27:24-25 *Viendo Pilato que nada adelantaba, sino que se hacía más alboroto, tomó agua y se lavó las manos delante del pueblo, diciendo: «Inocente soy yo de la sangre de este justo. Allá vosotros». Y respondiendo todo el pueblo, dijo: «Su sangre sea sobre nosotros y sobre nuestros hijos».*

Surgen cuestiones relacionadas con las verdades que conciernen a las fortalezas, los pecados y las maldiciones generacionales. La amplitud de este curso no permite

Salmo 112:1-2 (NVI) *¡Aleluya! ¡Alabado sea el SEÑOR! Dichoso el que teme al SEÑOR, el que halla gran deleite en sus mandamientos. Sus hijos dominarán el país; la descendencia de los justos será bendecida.*

dar cabida a tales cuestiones. No obstante, éstas son tratadas en los libros *Libertad verdadera* y *Fortalezas: Entendimiento y destrucción de los planes de Satanás.* (Estos dos libros han sido publicados por el Ministerio Jesús Internacional y están disponibles en la página web www.jesusministryintl.org.

«Libertad verdadera» significa dejar de vivir según los patrones pecaminosos de las generaciones que nos precedieron, ya que es posible cortar las ramificaciones actuales de los pecados generacionales. En la autoridad de Cristo y con el poder del Espíritu Santo, podemos retirar el *topos* o jurisdicción del enemigo sobre nuestra vida como consecuencia de las fortalezas establecidas por nuestras familias en el pasado.

B. OBSERVACIONES DE SU GENEALOGÍA FAMILIAR

- ✓ Cuando se observan de cerca y honestamente las generaciones de la propia familia, se notarán patrones malos y buenos que han pervivido de generación en generación.

- ✓ Los patrones recurrentes pueden incluir pecados obsesivos, fortalezas, cuestiones de salud, patrones de conducta y experiencias (divorcio, embarazos fuera del matrimonio, adicciones, abusos), etc.

- ✓ Algunos patrones pueden transmitirse a través del mismo género.

- ✓ Los patrones recurrentes son normalmente más que una mera coincidencia; suele haber por medio una dinámica espiritual.

¿Cómo podemos saber si un pecado es generacional? Hay varios indicadores posibles:

1. **Experiencia:** El problema resiste obstinadamente los intentos genuinos de la persona por cambiar. Nada parece funcionar a largo plazo, incluida la oración, el consejo o la intervención médica.

2. **Observación e investigación:** El problema se puede observar en otros miembros de la familia en varias formas y grados y en otras ramas del árbol genealógico familiar. Los miembros más ancianos de la familia confirman que el asunto se arrastra de generaciones pasadas.

3. **Discernimiento:** Usted tiene una sensibilidad en el Espíritu Santo que sobrepasa los «sentidos naturales». Jesús se apoyaba en tal discernimiento para averiguar que el defecto del ciego no era generacional (Juan 9:3).

4. **Revelación profética:** El Espíritu Santo muestra clara y positivamente en oración, ya a usted, ya a otra persona, que el problema del pecado es de naturaleza generacional. Él puede o no revelar la fuente original. A veces el origen del pecado se remonta tanto en el árbol genealógico que no queda recuerdo del mismo en las generaciones actuales. En este caso, la revelación ha de ser actualizada por fe.

Fortalezas generacionales

A continuación damos una lista (no exhaustiva) de síntomas y cuestiones que pueden ser consecuencia de pecados y fortalezas generacionales:

- ✓ hechicería/ocultismo
- ✓ pecados religiosos
- ✓ mentira, trampa, robo
- ✓ drogodependencias y conductas adictivas
- ✓ inmoralidad sexual y abuso
- ✓ adulterio, pornografía
- ✓ embarazos ilegítimos
- ✓ abortos naturales y voluntarios
- ✓ infertilidad y esterilidad
- ✓ violencia, rabia, asesinato
- ✓ abuso físico y verbal
- ✓ desórdenes alimenticios
- ✓ juego
- ✓ divorcios
- ✓ suicidio
- ✓ enfermedades
- ✓ ansiedad, ataques de pánico
- ✓ depresión, enfermedades mentales
- ✓ inestabilidad económica, pobreza, deuda

Observaciones del árbol genealógico de su familia:

1._____
2._____
3._____
4._____

C. DESMANTELAMIENTO DE PECADOS GENERACIONALES

Aunque la Biblia declara que cada persona es individualmente responsable de la culpa de su propio pecado, también revela que las familias y comunidades cargan con las consecuencias espirituales de los pecados cometidos en su seno. En algunos casos, cuando un representante de cierta familia o comunidad confiesa sus pecados o se arrepiente de ellos, el enemigo pierde la jurisdicción (*topos*) que tenía sobre ellas.

Si usted discierne que está viviendo bajo la sombra de fortalezas generacionales o patrones de pecado, aliéntese porque Dios ha provisto una prescripción poderosa para librarle de la influencia que ejercen sobre su vida, familia, iglesia, ministerio o empresa. Dios busca personas que se «pongan en la brecha» (Ezequiel 22:30) por sus familias, iglesias y comunidades. Cuando las personas, por fe, asumen la responsabilidad de arrepentirse de la sombra del pecado de las ge-neraciones que les precedieron, Dios responde y bendice tales oraciones.

Levítico 26:40-42 (NVI) *Pero si confiesan su maldad y la maldad de sus padres, y su traición y constante rebeldía contra mí, las cuales me han obligado a enviarlos al país de sus enemigos, y si su obstinado corazón se humilla y reconoce su pecado, entonces me acordaré de mi pacto con Jacob, Isaac y Abraham, y también me acordaré de la tierra.*

Nehemías 1:6; 9:1-2 (NVI) *Te suplico que me prestes atención, que fijes tus ojos en este siervo tuyo que día y noche ora en favor de tu pueblo Israel. Confieso que los israelitas, entre los cuales estamos incluidos mi familia y yo, hemos pecado contra ti. El día veinticuatro de ese mes los israelitas se reunieron para ayunar, se vistieron de luto y se echaron ceniza sobre la cabeza. Habiéndose separado de los extranjeros, confesaron públicamente sus propios pecados y la maldad de sus antepasados.*

Daniel 9:8-11 (NVI) *Señor, tanto nosotros como nuestros reyes y príncipes, y nuestros antepasados, somos motivo de vergüenza por haber pecado contra ti. Pero aun cuando nos hemos rebelado contra ti, tú, Señor nuestro, eres un Dios compasivo y perdonador. SEÑOR y Dios nuestro, no hemos obedecido ni seguido tus leyes, las cuales nos diste por medio de tus siervos los profetas. Todo Israel se ha apartado de tu ley y se ha negado a obedecerte. Por eso, porque pecamos contra ti, nos han sobrevenido las maldiciones que nos anunciaste, las cuales están escritas en la ley de tu siervo Moisés.*

Daniel asumió la responsabilidad de arrepentirse de los pecados de la nación de Judá. Sus oraciones conmovieron el cielo y movilizaron a los más poderosos ángeles a intervenir (Daniel 9:1-19; 10:12-14). También Nehemías cargó sobre sus espaldas el arrepentimiento del pecado de su familia y comunidad de una manera representativa (Nehemías 1:4-7). Después condujo a toda la comunidad a hacer otro tanto (véase Nehemías 9). La ciudad de Jerusalén fue reconstruida, y el compromiso del pueblo a obedecer y adorar a Dios fue restaurado.

- ✓ Los efectos del pecado pueden transmitirse a las generaciones subsiguientes. No obstante, estas generaciones pueden y deben responsabilizarse de su pecado. Cuando éstas se identifican con el pecado de sus antepasados, pueden deshacerse de las fortalezas y maldiciones que acompañan a ese pecado.

- ✓ Para romper el poder de los pecados generacionales y fortalezas sobre su vida, utilice la modalidad de oración de las «4 erres», pero incluya a las generaciones que le precedieron y a usted mismo/a en la oración. Mencione el pecado/fortaleza específico que usted ha identificado como de naturaleza generacional, renuncie a él, y arránquelo de su vida y del árbol genealógico de su familia.

II. ATADURAS DE ALMA

Hay algunas ligaduras o «vínculos de alma» sanos y legítimos que forman parte del plan de Dios para la vida. Por ejemplo, entre los esposos, padres e hijos. Pero incluso dentro de las relaciones bíblicas legítimas se pueden desarrollar ataduras o vínculos de alma inadecuados. Esto se pone de manifiesto cuando se desarrollan subproductos malsanos o impíos en y a través de la relación. Éstos se apreciarán en algunas de las fortalezas que controlan la vida de una persona, como el temor, la ira, el control, la vergüenza, la culpabilidad ilegítima o la autodestrucción.

«Libertad verdadera» significa cortar las cuerdas de relación invisibles, aunque muy reales y controladoras. Cuando lo hagamos, seremos capaces de relacionarnos libremente con otros y desinhibirnos de ataduras emocionales malsanas o espiritualmente fortalecidas.

A. ENTIÉNDASE QUÉ SON LAS ATADURAS DE ALMA

- ✓ Los términos ataduras o vínculos de alma no aparecen concretamente en las Escrituras, pero definen una realidad presente en las mismas.

- ✓ El término define una relación desviada de las directrices bíblicas en uno o más aspectos. En consecuencia, se produce una influencia malsana en la relación.

- ✓ Éstas suelen ir acompañadas de una dinámica espiritual que puede estar influenciada por seres demoníacos, que causan influida malsanas, inapropiadas y no bíblicas sobre las personas.

- ✓ Las Escrituras siguientes demuestran esta verdad. El relato del Génesis tiene que ver con la relación de Jacob con su hijo Benjamín, cuando los hermanos de José estaban negociando con éste para conseguir provisiones. El relato de Hechos demuestra cómo el apóstol Pedro fue influido hacia una conducta claramente errática por temor a sus colegas ancianos de Jerusalén.

Génesis 44:30-31 (NVI) *Así que, si yo regreso a mi padre, su siervo, y el joven, cuya vida está tan unida a la de mi padre, no regresa con nosotros, seguramente mi padre, al no verlo, morirá, y nosotros seremos los culpables de que nuestro padre se muera de tristeza.*

Gálatas 2:11-13 *Pero cuando Pedro vino a Antioquía, lo reprendí cara a cara, porque era de condenar, pues antes que llegaran algunos de parte de Jacobo, comía con los gentiles; pero después que llegaron, se retraía y se apartaba, porque tenía miedo de los de la circuncisión. Y en su simulación participaban también los otros judíos, de tal manera que aun Bernabé fue también arrastrado por la hipocresía de ellos.*

B. CUATRO CARACTERÍSTICAS MALSANAS DE LAS ATADURAS DE ALMA

1. Las ataduras de alma se pueden desarrollar a través del pecado

- Pecados sexuales: adulterio, fornicación, homosexualidad, y otra actividad sexual opuesta a los designios de Dios según las Escrituras.

- Pecados espirituales: ocultismo, relación dominada por la experiencia religiosa, pactos y juramentos hechos en órdenes religiosas, drogas, organizaciones espirit-ualmente sectarias.

2. Las ataduras de alma se pueden desarrollar mediante la confianza indebida, el temor y la necesidad de aprobación

El temor del hombre es la necesidad de recibir aprobación del hombre antes que la de Dios. Esto se torna peligroso cuando:

- ✓ dependemos más de una persona (o personas) y tememos más lo que ella piensa que a Dios y su evaluación.

- ✓ somos manipulados por la opinión, recursos, o placer de otra persona hasta el punto de no ser edificados en santidad ni liberados para andar en el plan original de Dios para nosotros.

- ✓ recibimos ciegamente la influencia de otra persona (incluso si es un padre o cónyuge) sin discernir objetivamente si esa influencia es bíblica o piadosa. (En este caso, la pasividad permite que seamos guiados hacia conclusiones que no están de acuerdo con la verdad.)

3. Las ataduras de alma pueden estar causadas por abusos y violaciones

- ✓ Estos abusos y violaciones pueden ser espirituales, emocionales, mentales, sexuales y/o físicos.

- ✓ Estas violaciones pueden afectar a la mente, las emociones y la voluntad de una persona —que pueden ser el centro nervioso de la atadura espiritual.

4. Las ataduras de alma no cultivan la edificación de la persona

- ✓ Surgen cosas como el control, la manipulación, el interés personal y la vergüenza.

- ✓ Las relaciones bíblicamente malsanas cultivan fortalezas debilitantes.

Levítico 26:40-42 (NVI)
Pero si confiesan su maldad y la maldad de sus padres, y su traición y constante rebeldía contra mí, las cuales me han obligado a enviarlos al país de sus enemigos, y si su obstinado corazón se humilla y reconoce su pecado, entonces me acordaré de mi pacto con Jacob, Isaac y Abraham, y también me acordaré de la tierra.

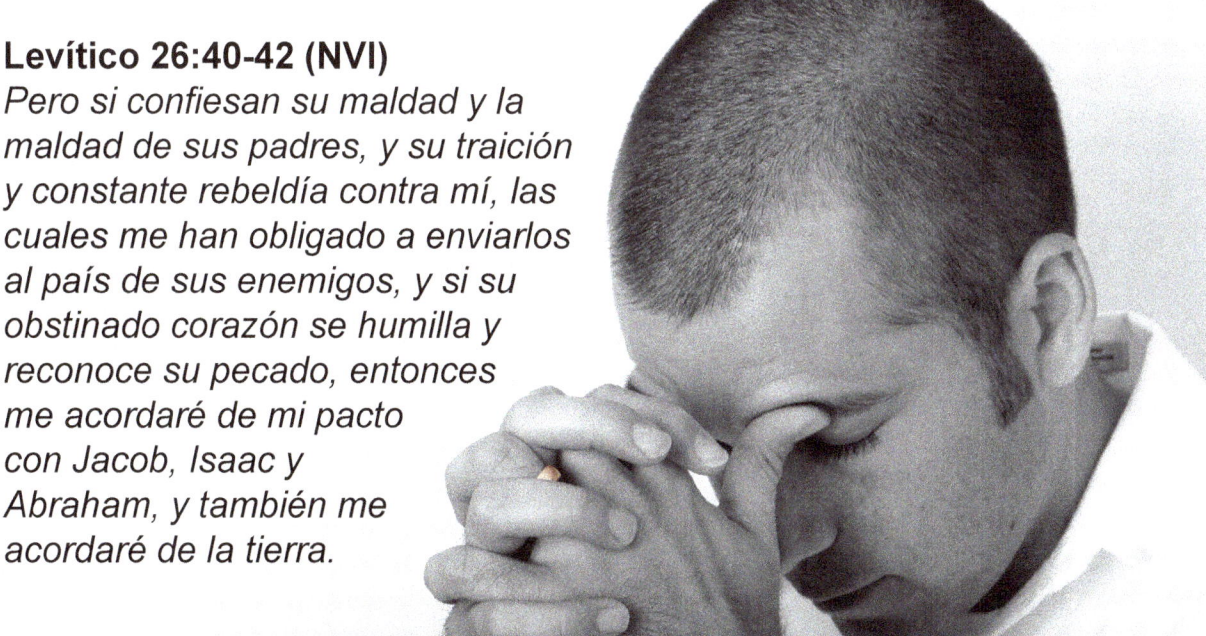

- ✓ Las ataduras de alma causan confusión, ansiedad, inquietud, vergüenza, culpa y/ u opresión.

C. CÓMO DESMANTELAR ATADURAS DE ALMA Y EXPERIMENTAR LIBERTAD

1. 1. Identifique la fuente y la causa de la atadura de alma

2. 2. Rompa el lazo de la atadura de alma

Debido al pecado personal:

- ✓ Confiese el pecado personal.
- ✓ Ore y declare —por la sangre y la autoridad de Jesucristo— la ruptura de la atadura de alma que es fuente de esclavitud. Use el modelo de oración de las «4 erres».

Debido a violación:

- ✓ Conceda perdón a los perpetradores y bendígales.
- ✓ Confiese toda respuesta personal pecaminosa, incluida la amargura, el resentimiento o la ira.
- ✓ Ore y declare —por la sangre y la autoridad de Jesucristo— una ruptura de atadura de alma que es fuente de esclavitud de la persona. Use el modelo de oración de las «4 erres».

EJEMPLO DE ORACIÓN:

Señor, con el poder y la autoridad de Jesucristo y a través de tu sangre derramada y tu resurrección, rompo la atadura de alma/esclavitud de _____. Confieso que soy libre para vivir en sumisión a tu voluntad y tus caminos. Ordeno a toda influencia del enemigo que se aparte de esta relación, en el nombre de Jesús, y le prohíbo que la refuerce en modo alguno. Ya no estaré dominado por pensamientos torturadores, emociones, heridas, vergüenza, culpa, control o temor por causa de esta persona. Libro a _____ de todo lazo impío conmigo y me libro de todo lazo impío con él/ella. Perdono y bendigo a _____ y le/la entrego en tus manos. Amén.

III. MALDICIONES

La organización humanitaria Alimento para el Hambriento envió una circular (fechada en julio de 2002) con un artículo en primera página titulado «Rompiendo el hechizo de la brujería», del cual incluimos el siguiente fragmento:

> *«Los hechiceros y las maldiciones pueden parecer tópicos de las películas de Hollywood, pero desgraciadamente, en gran parte del mundo, la creencia en lo sobrenatural tiene poder sobre las vidas de las personas.*
>
> *En Gorongosa, Mozambique, la influencia de la brujería es tan fuerte que está catalogada como la segunda causa de mortalidad. Los hechiceros han formado*

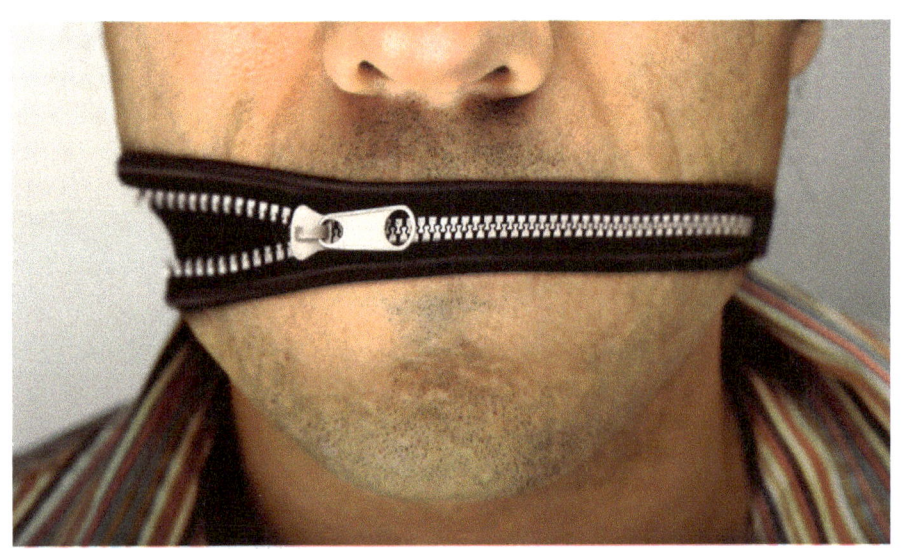

incluso una organización que estructura sus creencias.

Debido a que la hechicería está aceptada en la comunidad, es difícil luchar contra los poderes demoníacos y el temor causado por los hechiceros. Los pastores que enseñan la Palabra de Dios son acosados, e incluso amenazados de muerte».

En el mundo occidental, muchos consideran las maldiciones como parte del folclore, de los cuentos de hadas y de Walt Disney. Suelen ser los países del tercer mundo los más propensos a darles crédito. En cuanto a nosotros, los occidentales tendemos a achacar las maldiciones a la tradición, el saber popular y la superstición. Pensamos que creer en maldiciones es cosa de pocas luces o sofisticación.

¿Cuántos han sido ciegos a la verdad bíblica acerca de las maldiciones y viven importunados por ellas debido al entumecimiento producido por la mentalidad de la cultura occidental? Especialmente entre los cristianos, este tópico se suele considerar un engaño, pasarse de la raya o palabras puramente místicas. Ciertamente las maldiciones no pueden formar parte del mundo de la ortodoxia cristiana. (¿O acaso sí?)

A. ENTENDIMIENTO BÍBLICO Y PRÁCTICO DE LAS MALDICIONES

1. ¿Qué dice la Biblia acerca de las maldiciones?

- ✓ La Biblia dice mucho acerca de las maldiciones —mucho más de lo que se puede tratar en este curso.

- ✓ La Palabra de Dios nos da una promesa y un mandamiento para tratar con las maldiciones. La promesa es: «Como el gorrión sin rumbo o la golondrina sin nido, la maldición sin motivo jamás llega a su destino» (Proverbios 26:2).

- ✓ El mandamiento de Jesús en relación con la maldición fue: «Bendecid a los que os maldicen y orad por los que os calumnian» (Lucas 6:28).

2. Definición (Diccionario Webster[1])

Maldición [nombre]
a. *invocación a Dios, o a los dioses, para que envíe mal o daños a alguna persona o cosa.*
b. *un juramento blasfemo; imprecación*
c. *una cosa maldita.*
d. *mal o daño que parece sobrevenir como respuesta a una maldición.*

Maldición [verbo]
a. *expresar un deseo malvado contra alguien; imprecar un mal sobre alguien, invocar un daño o perjuicio, execrar.*
b. *afligir; someter a un mal; arruinar con una maldición; traer mal o daño sobre alguien.*

3. Descripción

Los pueblos primitivos creían que uno podía pronunciar una maldición sobre su enemigo y que cierta deidad o seres sobrenaturales podían prestarse a ejecutarla. Por este medio, se podía infligir toda clase de desastre, enfermedad, o dificultad. Ciertamente, tanto la validez de las bendiciones, como la antítesis de las maldiciones pronunciadas

Proverbios 18:21 (NVI)
En la lengua hay poder de vida y muerte; quienes la aman comerán de su fruto.

en la temprana historia bíblica son sorprendentes. Noé pronunció una maldición sobre Canaán, y una bendición sobre Sem y Jafet (Génesis 9:25-27), y la historia posterior confirmó sus invocaciones.

Una maldición era una entidad, un poder, fuerza o energía que se expresaba provocando un daño que había de ser temido y rehuido. Una maldición no sólo se consideraba un mero deseo de desgracia para los enemigos, sino una poderosa fuerza capaz de traducir declaraciones en resultados tangibles.[2]

4. Fuentes y puntos de acceso de las maldiciones

a. Pecado generacional

- ✓ La maldición puede ser resultado de una actividad pecaminosa, pecados obsesivos, y/o tal vez actividad relacionada con el ocultismo en generaciones anteriores.

- ✓ Incluso las palabras pronunciadas en generaciones pasadas pueden maldecir a generaciones posteriores.

2 Samuel 3:28-29 *Después, cuando David lo supo, dijo: «Yo y mi reino somos inocentes delante de Jehová, para siempre, de la sangre de Abner hijo de Ner. Caiga sobre la cabeza de Joab, y sobre toda la casa de su padre; que nunca falte en la casa de Joab quien padezca flujo de sangre, ni leproso, ni quien ande con bastón, ni quien muera a espada, ni quien padezca hambre».*

2 Samuel 21:1 *Hubo hambre en los días de David durante tres años consecutivos. David consultó a Jehová, y Jehová le dijo: «Es por causa de Saúl, y por esa casa sanguinaria, porque él mató a los gabaonitas».*

Josué 6:26 *En aquel tiempo hizo Josué este juramento: «Maldito delante de Jehová el hombre que se levante y reedifique esta ciudad de Jericó. Sobre su primogénito eche los cimientos de ella, y sobre su hijo menor asiente sus puertas».*

1 Reyes 16:34 *En tiempos de Acab, Hiel, el de Bet-el, reedificó a Jericó. Al precio de la vida de Abiram, su primogénito, echó el cimiento, y al precio de la vida de Segub, su hijo menor, puso sus puertas, conforme a la* *palabra que Jehová le había anunciado por medio de Josué hijo de Nun.*

b. Involucrarse con objetos inmundos o malditos

- ✓ Una familia o comunidad puede dar jurisdicción al enemigo manchando o profanando objetos y actividades.
- ✓ El contacto con objetos inmundos o malditos, mayormente reconocidos en el culto a los demonios u objetos relacionados con el ocultismo, puede invocar una maldición.

2 Corintios 6:17 (NVI) *«Salid de en medio de ellos y apartaos. No tocad nada impuro, y yo os recibiré.»*

Ezequiel 44:23 (LBLA) *Enseñarán a mi pueblo a discernir entre lo sagrado y lo profano, y harán que ellos sepan distinguir entre lo inmundo y lo limpio.*

- ✓ Estos objetos deben de ser identificados, aborrecidos, y destruidos para poder deshacer la jurisdicción del enemigo y restaurar el libre flujo del poder y la presencia de Dios en nuestra vida.

Hechos 19:18-20 *Muchos de los que habían creído venían, confesando y dando cuenta de sus hechos. Asimismo muchos de los que habían practicado la magia trajeron los libros y los quemaron delante de todos; y hecha la cuenta de su valor, hallaron que era de cincuenta mil piezas de plata. Así crecía y prevalecía poderosamente la palabra del Señor.*

c. Violaciones territoriales

- ✓ Los santuarios religiosos demoníacos pueden ser maldecidos. A veces la remoción física de objetos de esos lugares y/o el viajar a través de esos lugares puede causar problemas.

Deuteronomio 7: 25-26 (LBLA) *Las esculturas de sus dioses quemarás a fuego; no codiciarás la plata o el oro que las recubren, ni lo tomarás para ti, no sea que por ello caigas en un lazo, porque es abominación al SEÑOR tu Dios. Y no traerás cosa abominable a tu casa, pues serás anatema como ella; ciertamente la aborrecerás y la abominarás, pues es anatema.*

d. Asociación con rituales demoníacos o actividades irreverentes.

- ✓ Ejemplos: maldiciones debidas a la participación en juegos diabólicos, música y rituales. Puede incluir la asociación con tableros de ouija, sesiones espiritistas, proyecciones astrales, lecturas psíquicas, adoración de demonios, etc.

Ezequiel 8:9-10 (LBLA) *Entonces me dijo: Entra y ve las perversas abominaciones que ellos cometen aquí. Entré, pues, y miré; y he aquí, había toda clase de reptiles y bestias y cosas abominables, y todos los ídolos de la casa de Israel estaban grabados en el muro por todo alrededor.*

- Las maldiciones en lugares físicos pueden incluir efectos espirituales residuales de violaciones y abusos ocurridos en tales lugares o en sus instalaciones —actividades pecaminosas, perniciosas, ocurridas allí.

e. Maldiciones de palabra.

- Las palabras pueden ser pactos intencionales o sin intención que conceden *topos* o jurisdicción, al enemigo de nuestras vidas.
- Las palabras son fuertemente reforzadas en los cielos, ya se trate de bendiciones o de maldiciones.

Proverbios 18:21 (NVI) *En la lengua hay poder de vida y muerte; quienes la aman comerán de su fruto.*

- El apóstol Santiago definió las palabras ofensivas como maldiciones.

Santiago 3:7-10 (NVI) *El ser humano sabe domar y, en efecto, ha domado toda clase de fieras, de aves, de reptiles y de bestias marinas; pero nadie puede domar la lengua. Es un mal irrefrenable, lleno de veneno mortal. Con la lengua bendecimos a nuestro Señor y Padre, y con ella maldecimos a las personas, creadas a imagen de Dios. De una misma boca salen bendición y maldición. Hermanos míos, esto no debe ser así.*

Las «palabras de maldición» pueden ser infligidas a uno mismo:

- «Soy estúpido…»
- «Nunca podré ser como…»
- «Siempre seré pobre…»
- Cantando letras de canciones que no encierran sino palabras de autodestrucción.

Las «palabras de maldición» pueden ser infligidas a otros:

- «¡No puedes hacer nada bien!»
- «¡Idiota!» (motes)
- Caracterizando a personas (especialmente niños) —«Es muy torpe y patosa», o «él es el tímido»
- Motes

Ejemplos donde podemos hallar palabras de maldición:

- En nuestros propios comentarios negativos
- Maldiciones de figuras de autoridad sobre nuestra vida (palabras dichas por los padres, maestros, entrenadores, etc.
- Maldiciones de otros a través de envidias, discusiones, difamaciones y murmuraciones

B. CÓMO DESMANTELAR MALDICIONES Y EXPERIMENTAR LIBERTAD

1. Desmantele toda jurisdicción

Esto se hace mediante la confesión de toda actividad pecaminosa (use las 4 erres), y/o perdonando a cualquiera que haya violado su persona o hablado maldiciones contra usted.

2. Declare su liberación

PASO 1: Confiese su pecado (y todo pecado generacional, si es el caso) que dio al enemigo asidero o *topos*, y aplique las 4 erres.

PASO 2: Apoyado en su promesa del perdón de pecados, y en que una maldición inmerecida no puede permanecer sobre usted, pida a Dios que remueva la maldición impuesta sobre su vida.

PASO 3: Reprenda toda actividad demoníaca y/o influencia asociada con la maldición, y ordene a todo ser demoníaco asociado con ella que huya en el nombre de Jesús.

EJEMPLO DE DECLARACIÓN: «En la autoridad de Jesucristo, por su sangre derramada y su resurrección, ejerzo autoridad sobre la maldición de _____. ¡Declaro que no tiene lugar en mi vida y ordeno que sea rota y deshecha ahora mismo»!

3. Renuncie a toda maldición ilegítima

Éstas pueden ser palabras de maldición que otras personas declararon contra usted, ya sean personas conocidas o involucradas en el reino de Satanás de manera manifiesta, que puedan maldecirle desde lejos por causa de su testimonio por Cristo. Estas palabras de maldición no son debidas a su propio pecado o actividades pecaminosas; por lo tanto, no implican confesión de pecados, sino sencillamente una renuncia a la maldición.

Proverbios 26:2 (LBLA) *Como el gorrión en su vagar y la golondrina en su vuelo así la maldición no viene sin causa.*

PASO 1: En voz alta, tome autoridad sobre la maldición en el nombre de Jesús y ordene que sea destruida inmediatamente.

Ejemplo de Declaración: «En la autoridad de Jesucristo, por su sangre derramada y su resurrección, ejerzo autoridad sobre la maldición de _____. ¡Declaro que no tiene lugar en mi vida y ordeno que sea rota y deshecha ahora»!

Gálatas 5:1
Estad, pues, firmes en la libertad con que Cristo now hizo libres y no estéis otra vez sujetos al yugo de esclavitud.

PASO 2: Renuncie a la maldición en el nombre de Jesús, y ordene a todo ser demoníaco asociado con ella que huya ahora.

PASO 3: Bendiga y perdone a todos los que le hayan maldecido

1 Corintios 4:12-13 (NVI) *Si nos maldicen, bendecimos; si nos persiguen, lo soportamos; si nos calumnian, los tratamos con gentileza.*

4. Limpie su hogar y su vida de todo objeto y/o actividad contaminante.

Josué 24:15 (NVI) *Pero si a vosotros os parece mal servir al SEÑOR, elegid vosotros mismos a quiénes vais a servir: a los dioses que sirvieron vuestros antepasados al otro lado del río Éufrates, o a los dioses de los amorreos, en cuya tierra vosotros ahora habitáis. Por mi parte, mi familia y yo serviremos al SEÑOR.*

5. Ande en el espíritu opuesto a la maldición: en la libertad y el poder de la bendición

Romanos 12:14 (NVI) *Bendecid a quienes os persigan; bendecid y no maldigáis.*

- ✓ En la medida en que hablemos con liberalidad y pidamos bendición sobre las personas, así Dios bendecirá.

- ✓ Las palabras que edifican, estimulan y fortalecen son reforzadas y usadas por Dios para derramar su bendición sobre las personas cuando invocamos su nombre sobre ellas.

- ✓ *Cuando nuestras palabras se combinan con la Palabra y el carácter de Dios en bendiciones verbales, nos convertimos en canal por el que fluye el poder divino, del mismo modo que el pararrayos es conductor de la electricidad. Un pararrayos proporciona un conducto para el rayo y lo guía a tierra de una manera controlada. Del mismo modo, las palabras de bendición sobre otros pueden servir como focos de atracción para que fluya el poder de Dios en sus vidas.*

Podemos tomar las maldiciones asociadas con los pecados generacionales, las ataduras de alma y las palabras de maldición —cortarlas— y reemplazarlas con la gracia, la bendición, el poder y el amor de Dios. Esto es parte de la victoria de la libertad verdadera sobre el plan de Satanás que pretende robarle el maravilloso designio y destino que Dios planeó desde el principio para usted. ¡Esta es la belleza de la libertad verdadera!

Gálatas 5:1 *Estad, pues, firmes en la libertad con que Cristo nos hizo libres y no estéis otra vez sujetos al yugo de esclavitud.*

Notas: _____
_____
_____
_____
_____
_____
_____
_____
_____
_____
_____
_____
_____
_____
_____
_____
_____

RECURSOS

Introducción a la Sección de Recursos

En esta sección hallará recursos para ayudarle a proseguir en su búsqueda de «libertad verdadera». Use los pensamientos, las intuiciones y los pasajes de Escritura facilitados para ayudarle a apropiarse y practicar la verdad del gran amor de Dios y su designio para usted. ¡A medida que su mente es renovada, será transformado!

Romanos 12:2 (NVI) No os amoldéis al mundo actual, sino sed transformados mediante la renovación de vuestra mente. Así podréis comprobar cuál es la voluntad de Dios, buena, agradable y perfecta.

También hemos incluido seis secciones sobre cómo ser libre de algunas fortalezas específicas, entre otras:

- ✓ Ira
- ✓ Insignificancia e inferioridad
- ✓ Rechazo
- ✓ Temor e incredulidad
- ✓ Pasividad
- ✓ Vergüenza y desesperanza

Estos inventarios se pueden usar a solas, con un compañero/a de oración o en un grupo pequeño. Permita que el Espíritu Santo le hable a través de ellos acerca de las maneras en que esas fortalezas se establecieron en su corazón, su mente y su vida. En algunas iglesias que ofrecen el curso «Libertad Verdadera», esto puede incluir una sesión con un grupo de oración que le ayude a orar por algunas de estas cosas. Si el curso es ofrecido, le animamos a aprovecharlo. Sin duda será bendecido y estimulado si se embarca para emprender un viaje hacia libertad verdadera con la ayuda y las oraciones de sus hermanos y hermanas en Cristo.

Recuerde que «libertad» no significa no tener que volver a tratar estos asuntos. Significa que ya no tendrán poder para controlarle. Para examinar más exhaustivamente diversos asuntos relacionados con las fortalezas y cómo orar para deshacerlas, le recomendamos que obtenga una copia del Manual de Recursos Libertad, disponible a través del Ministerio Jesús Internacional (www.jesusministryintl.org).

Gálatas 5:1 Estad, pues, firmes en la libertad con que Cristo nos hizo libres y no estéis otra vez sujetos al yugo de esclavitud.

La Biblia declara que la ira produce ruina y destrucción en nosotros y en las personas que nos rodean. Pero Dios planeó que el ser humano fuera libre del control de la ira. «El necio da rienda suelta a toda su ira», dice el autor de Proverbios, «mas el sabio al fin la sosiega» (Proverbios 29:11).

Tal vez le sorprenda descubrir que la ira, en y por sí misma, no es una emoción o fortaleza primaria, sino una «emoción secundaria, lo cual quiere decir que hay otros asuntos subyacentes que la provocan y la alimentan. Estos asuntos pueden ser heridas provocadas por la injusticia, traiciones, abandonos, rechazos, resentimiento, amargura y falta de perdón.

Muchas personas viven con un bajo nivel de ira que se filtra en todo lo que ven, oyen y dicen. Algunas personas padecen estallidos de ira e incluso de rabia. La ira es una buena herramienta para diagnosticar que hay algo más profundo y extenso que debe ser tratado.

Puesto que la ira no puede ser tratada comprehensivamente en una sola sesión, está sección está concebida para servir de introducción. Con las herramientas que aquí reciba, podrá empezar a entender la dinámica de la ira (y sus fortalezas asociadas) y a desmantelar de forma sensible estas fortalezas en su vida. También recibirá herramientas, recursos y puntos de vista que le equiparán para perseguir de por vida una liberación creciente de las fortalezas relacionadas con la ira, la injusticia y la falta de perdón.

I. RAÍCES DE LA IRA

A. INJUSTICIAS

La injusticia se puede definir como un daño no provocado o inmerecido que llega en la forma de rechazo y/o sufrimiento. Nos damos cuenta que no hicimos nada para merecer el trato recibido, y que no cabe ningún recurso. Es decir, las circunstancias pertenecen al pasado y ya no pueden cambiar.

La injusticia se manifiesta normalmente en la ira reprimida o una profunda tristeza. Nos sentimos justificados al aferrarnos a estos sentimientos por causa de los perjuicios que nos fueron infligidos. Sentimos que tenemos derecho a la ira, la tristeza o la amargura.

Pero normalmente, a medida que avanzamos en el proceso de «liberación», podemos contemplar una imagen más completa de lo que ocurrió en nuestro pasado. Al emerger este entendimiento, suele surgir también el tema de la injusticia. La libertad se produce cuando un entendimiento parcial es sustituido por una plena revelación y se concede perdón profundo y completo a todos los que nos causaron sufrimiento o nos rechazaron. Desatamos el pasado. Rendimos el derecho de entender. Entregamos el derecho a estar enfadados, ofendidos, amargados o heridos.

Las injusticias pueden producir una enorme influencia en la vida. Sin saberlo, podemos faenar bajo una sombra de consecuencias perpetuas de injusticias (reales o imaginarias). Para ser verdaderamente libre, es importante tratar las tensiones y emociones que acompañan a las injusticias que cada uno sufre.

B. FALTA DE PERDÓN

La falta de perdón muchas veces está directamente relacionada con las injusticias sufridas en la vida. A menudo, como consecuencia de la falta de perdón, se arrastran heridas no curadas que producen fruto de amargura, ira y enojo, y abren la puerta al enemigo para edificar toda clase de fortalezas en las personas. Una vez liberados de las ligaduras originadas por la falta de perdón, empezamos a sanar y el amor de Dios comienza a fluir de nosotros a los demás.

El perdón es necesario cuando se nos ha violado de una u otra manera. Hay una deuda que pagar antes que la reconciliación o la restauración puedan tener lugar. La deuda puede ser emocional, de relación, económica, o física; puede ser consecuencia de una traición o tener que ver con nuestra reputación. Independientemente de la situación, están en deuda con nosotros.
Para poder perdonar, hemos de resolver pagar la deuda, y por lo tanto liberar al ofensor (o la situación ofensiva) de su obligación para con nosotros. No esperaremos que el ofensor (o la situación ofensiva) salde la deuda o la injusticia. Esto es exactamente lo que hizo Jesús cuando nos eximió de pagar la deuda por los pecados y transgresiones que cometimos contra Él.

II. CÓMO RECONOCER LA IRA

La hoja de ejercicios que sigue está diseñada para ayudarle a librarse de las ataduras causadas por las injusticias, la falta de perdón o la ira. La primera sección le ayudará a identificar el lugar que la ira puede haber ocupado en su vida. Marque las casillas que le incumban:

- ❏ Me siento relativamente feliz, y de pronto mi estado de ánimo sufre un cambio brusco.

- ❏ Levanto la voz (e incluso grito) para com-unicar algo que quiero enfatizar.

- ❏ He manifestado a otros una impaciencia que a menudo se convierte en exasperación. «¿Por qué no pueden entender?»

- ❏ Suelo prever la conducta predecible de otra persona, y me enfado cuando veo que se cumple.

- ❏ Me enfado cuando otros «no me pueden leer el pensamiento». Quiero que otros piensen como yo y prevean lo que necesito.

- ❏ Me enfado cuando no se me reconoce por mi contribución.

- ❏ Me enfado cuando siento que no se me respeta, o cuando mis palabras no se toman en serio.

- ❏ Sé que estoy enfadado/a por mi lenguaje mental (me maldigo a mí mismo o a otros).

- ❏ Sé que estoy enfadado/a cuando no quiero escuchar lo que otra persona tiene que decir.

- ❏ Me enfado cuando los demás no me dan prioridad.

- ❏ Me enfado cuando no tengo lo que necesito.

- ❏ Me enfado cuando la gente no hace lo que yo digo.
- ❏ Me enfado cuando no puedo controlar cierta situación.
- ❏
- ❏ Me enfado cuando alguien sugiere que he hecho algo mal.
- ❏ Me enfado cuando siento presión añadida en el trabajo, la economía, las responsabilidades y/o las expectativas personales.
- ❏ Me pongo fácilmente a la defensiva de mi persona y de otros.
- ❏ Veo rápidamente las faltas en los demás.
- ❏ Busco oportunidades de sacar a colación asuntos hirientes del pasado.
- ❏ Hablo negativa o críticamente de otros.
- ❏ La frase «no me merezco esto» me viene frecuentemente a la cabeza.
- ❏ Digo que he perdonado, pero sigo procesando esos asuntos en mi mente.
- ❏ Me frustro por las faltas y errores que percibo en otros.
- ❏ Me impaciento fácilmente.
- ❏ Pienso que mi vida es más dura que la de otros. «Pienso que se me ha tratado injustamente».

La cura para la ira es el perdón. Por eso es importante entender y experimentar antes el perdón de Dios por nuestros pecados. Dios escogió centrarse en su deseo de perdonarnos en vez de tenernos por culpables de nuestros fallos (Salmo 103:12; Isaías 43:25, 55:7).

La falta de perdón exige un pago. Cuando alguien peca contra nosotros y nos ofende, nuestro sentido de la justicia exige que se nos compense con justicia por el fallo cometido. Si alguien no puede pagarnos (o decide no hacerlo), o bien nos sentimos ofendidos por la injusticia sufrida y nos amargamos y enfadamos, o bien extendemos perdón, el cual conduce a la paz.

Perdonar no es fácil, especialmente cuando alguien ha causado un gran daño o perjuicio. No obstante, al liberar al ofensor por medio del perdón, el ofendido se libera de los efectos que provocan las actitudes destructivas. Un barómetro que indica si se ha producido o no el verdadero perdón es la capacidad por medio del Espíritu Santo de pedir una gran bendición sobre el ofensor.

III. CÓMO RECONOCER LAS INJUSTICIAS Y LA FALTA DE PERDÓN

La siguiente sección está concebida para ayudarle a identificar maneras en las que se le puede haber tratado injustamente, y/o áreas en las que hay falta de perdón en su vida, comenzando con su familia nuclear. Este inventario es sólo una herramienta

para ayudarle a ser libre de la falta de perdón y de la ira. Pida al Espíritu Santo que le hable antes de empezar. Pida al Señor, como hizo David: «Examíname, Dios, y conoce mi corazón; pruébame y conoce mis pensamientos. Ve si hay en mí camino de perversidad y guíame en el camino eterno» (Salmo 139:23-24).

A. PADRE BIOLÓGICO/PADRASTRO

¿Estuvieron los siguientes elementos presentes en su relación?

- Exasperación: Exceso de disciplina, o forma defectuosa de la misma, que le dejó aplastado/a en espíritu, o confuso/a, en cuanto a qué es lo que usted hizo mal.

- Control/manipulación

- Ausencia de liderazgo espiritual: ¿Vigiló su padre la condición espiritual del hogar?

- Descuido: ¿Pasó su padre tiempo con usted de una manera regular?

- Abandono: ¿Fue usted abandonado/a enfrente del televisor o dejado/a al cuidado de otras personas, aparte de sus padres, de manera regular?

- Rechazo: ¿Le quisieron sus padres cuando era niño/a? ¿Fue usted aceptado/a por su padre? ¿Sintió alguna vez que no era el género o la personalidad que deseaban sus padres?

- Pasividad: ¿Condujo su padre el hogar? ¿Tomó la iniciativa? ¿Permitió a su madre hacer lo que el Señor esperaba de ella?

- Criticismo: ¿Fue su padre crítico con usted o sus capacidades?

- Aceptación y amor condicional en función de la realización: ¿Fue recompensado/a con palabras de ánimo sólo cuando dio la talla de lo que su padre esperaba de usted?

- Consumo de alcohol.

- Consumo de drogas.

- Pornografía.

- Adulterio.

- Divorcio.

- Abuso físico.

- Abuso emocional.

- Abuso sexual.

Los siguientes pecados de omisión son cosas que su padre no hizo. Muchas veces estos pecados son tan dañinos, o más, que los pecados de comisión.

- Afecto retenido

- Bendiciones negadas

- Palabras de ánimo no pronunciadas

- Disciplina no aplicada

Estas áreas pueden también conducir a muchas heridas y amarguras:

- ¿Fueron sus hermanos o hermanas tratados de una manera que le produjo resentimiento?

- ¿Trató su padre a su madre de una manera que le produjo resentimiento?

Los asuntos marcados en la lista precedente deben ser llevados a la cruz de Cristo y dejados allí. Para simplificar las cosas, proporcionamos un modelo de oración para ayudarle a abordar el proceso. Es útil contar con alguien que ore con usted y le sirva de apoyo. Santiago 5:16 declara que si confesamos nuestras ofensas unos a otros seremos sanados.

Señor Jesús, perdono a mi padre (padrastro) por el pecado de _____. (Mencione ahora todos los pecados que necesita perdonar a su padre. Hágalo de una sola vez.) Te pido que me perdones el pecado de la falta de perdón a mi padre por estos pecados. Perdona mi amargura, resentimiento e ira hacia él. Te pido perdón por la rebelión contra mi padre, y ahora rompo todas las maldiciones, pensamientos negativos y calumnias que he hablado contra él. ¡Sustituyo ahora esas maldiciones con bendiciones poderosas!

Señor, quiero hacer ahora una oración de bendición sobre mi padre. (Ore enérgicamente con todo su corazón y todas sus fuerzas; eleve su voz y ore con fe.) Oro para que:

- ✓ *le bendigas con la salvación.*
- ✓ *le bendigas con la misma libertad que yo he hallado hoy.*
- ✓ *le bendigas con un corazón nuevo y tierno.*
- ✓ *bendice su matrimonio.*
- ✓ *bendice su economía y su trabajo.*
- ✓ *bendícele con gozo, paz, amabilidad, amor, y todos los frutos del Espíritu.*
- ✓ *bendícele para que sea libre de condenación y de vergüenza, para que sane de sus heridas.*
- ✓ *bendícele con una larga vida y con excelente salud.*
- ✓ *bendícele para que sea libre de todos los planes y tramas de Satanás.*

Declaro que amo a mi padre. Yo le miro con tus ojos y veo su herida y su dolor. Te pido con fe que derrames tu fuego sobre él. ¡Hazlo ahora, Señor! Mis cadenas se han quebrado y soy libre delante de ti. Gracias por el poder de la cruz.

(Nota: Si su padre ya falleció, pida al Señor que bendiga su memoria y el fruto de su vida.)

Haga la siguiente oración con convicción, de todo su corazón, y creyendo que Dios se va a mover ahora de manera poderosa.

Padre, renuncio ahora a una vida de ira, amargura y falta de perdón. Renuncio al derecho a sentirme ofendido/a. Rindo mi derecho a que se haga justicia. Te entrego mi relación con mi padre y declaro que ahora está en tus manos. No soy responsable de lo que sólo tú puedes hacer. ¡Corto ahora esta atadura! Reprendo a los espíritus de:

- ✓ *rechazo*
- ✓ *abandono*
- ✓ *ira*
- ✓ *amargura*
- ✓ *falta de perdón*
- ✓ *división*

Cuando vuelva a tener pensamientos amargos, repréndalos y resuelva firmemente no volver a sentirse ofendido/a. Si es posible, escriba una carta breve a su padre diciéndole que le ama, y bendígale honestamente. No le critique en esta carta; bendígale solamente y deje el resultado en manos del Señor. Aunque su padre haya fallecido, aún obtendrá gran beneficio espiritual declarando por escrito la liberación que genera su perdón.

B. MADRE BIOLÓGICA/MADRASTRA

¿Estuvieron los siguientes elementos presentes en su relación?

- ❑ Exasperación: Exceso de disciplina, o una forma defectuosa de la misma, que le dejó aplastado/a en espíritu, o confuso, en cuanto a qué es lo que hizo usted mal.

- ❑ Control/manipulación.

- ❑ Ausencia de liderazgo espiritual: ¿Vigiló su madre la condición espiritual del hogar?

- ❑ Descuido: ¿Pasó su madre tiempo con us-ted de una manera regular?

- ❑ Abandono: ¿Fue usted abandonado/a enfrente del televisor o dejado/a al cuidado de otras personas, aparte de sus padres, de manera regular?

- ❑ Rechazo: ¿Le quisieron sus padres cuando era niño/a? ¿Fue usted aceptado/a por su madre?

- ❑ Pasividad: ¿Condujo su madre el hogar? ¿Tomó la iniciativa? ¿Permitió a su padre hacer lo que el Señor esperaba de él?

- ❑ Criticismo: ¿Fue su madre crítica con usted o sus capacidades?

- ❑ Aceptación y amor condicional en función de la realización: ¿Fue recompensado/a con palabras de ánimo sólo cuando dio la talla de lo que su madre esperaba de usted?

- ❑ Consumo de alcohol.

- ❑ Consumo de drogas.

- ❑ Adulterio.

- ❑ Divorcio.

- ❑ Abuso físico.

- ❑ Abuso emocional.

- ❑ Abuso sexual.

Los siguientes pecados de omisión son cosas que su madre no hizo. Muchas veces estos pecados son más dañinos que los pecados de comisión:

- ❑ Afecto retenido.

- ❑ Bendición negada.

- ❑ Palabras de ánimo no pronunciadas.

- ❑ Disciplina no aplicada.

Estas áreas pueden conducir a muchas heridas y amarguras:

- ❑ ¿Fueron sus hermanos o hermanas tratados de una manera que le produjo resentimiento?

- ❏ ¿Trató su madre a su padre de una manera que le produjo resentimiento?

- ❏ Los asuntos marcados en la lista precedente deben ser llevados a la cruz de Cristo y dejados allí. Para simplificar las cosas, proporcionamos un modelo de oración para ayudarle a abordar el proceso. Es útil contar con alguien que ore con usted y le sirva de apoyo. Santiago 5:16 declara que si confesamos nuestras ofensas unos a otros seremos sanados.

Señor, perdono a mi madre (madrastra) por el pecado de _____. (Mencione ahora todos los pecados que necesita perdonar a su madre. Hágalo todo de una sola vez.) Señor, te pido que me perdones el pecado de la falta de perdón a mi madre por estos pecados. Perdona mi amargura, resentimiento e ira hacia ella. Te pido perdón por la rebelión contra mi madre, y ahora rompo todas las maldiciones, pensamientos negativos y calumnias que he hablado contra ella. ¡Sustituyo ahora esas maldiciones con bendiciones poderosas!

Padre celestial, quiero ahora hacer una oración de bendición sobre mi madre. (Ore enérgicamente, con todo su corazón y todas sus fuerzas; eleve su voz y ore con fe.) Oro para que:

- ✓ *la bendigas con la salvación.*
- ✓ *la bendigas con la misma libertad que yo he hallado hoy.*
- ✓ *la bendigas con un corazón nuevo y tierno.*
- ✓ *bendice su matrimonio.*
- ✓ *bendice su economía y su trabajo.*
- ✓ *bendícela con gozo, paz, amabilidad, amor y todos los frutos del Espíritu.*
- ✓ *bendícela para que sea libre de condenación y de vergüenza, para que sane de sus heridas.*
- ✓ *bendícela con una larga vida y con excelente salud.*
- ✓ *bendícela para que sea libre de todos los planes y tramas de Satanás.*

Declaro que amo a mi madre. Yo la miro con tus ojos y veo su herida y su dolor. Te pido con fe que derrames tu fuego sobre ella. ¡Hazlo ahora, Señor! Mis cadenas se han quebrado y soy libre delante de ti. Gracias por el poder de la cruz.

(Nota: Si su madre ya falleció, pida al Señor que bendiga su memoria y el fruto de su vida.)

Haga la siguiente oración con convicción, de todo su corazón, y creyendo que Dios se va a mover ahora de una manera poderosa.

Padre, renuncio a una vida de ira, amargura y falta de perdón. Renuncio al derecho a sentirme ofendido/a. Rindo el derecho a que se me haga justicia. Te entrego mi relación con mi madre; ahora está en tus manos. No soy responsable de lo que sólo tú puedes hacer. ¡Corto ahora esa atadura! Reprendo a los espíritus de:

- ✓ *rechazo*
- ✓ *abandono*
- ✓ *ira*
- ✓ *amargura*
- ✓ *falta de perdón*
- ✓ *división*

Cuando vuelva a tener pensamientos amargos, repréndalos y resuelva firmemente no volver a sentirse ofendido/a. Si es posible, escriba una carta breve a su madre diciéndole que la ama, y bendígala honestamente. No le critique en esta carta; bendígala solamente y deje el resultado en manos del Señor. Aunque su madre haya fallecido, aún obtendrá gran beneficio espiritual declarando por escrito la liberación que genera su perdón.

C. MARIDO O MUJER, EX MARIDO O EX MUJER, NOVIO O NOVIA

¿Estuvieron los siguientes elementos presentes en su relación o relaciones pasadas? Estos son pecados de comisión:

- ❏ Infidelidad o traición.
- ❏ Control/manipulación.
- ❏ Ausencia de liderazgo espiritual: ¿Vigila/vigiló su marido la condición espiritual del hogar?
- ❏ Descuido.
- ❏ Abandono.
- ❏ Rechazo.
- ❏ Pasividad.
- ❏ Criticismo.

- ❏ Aceptación y amor basados en la realización.
- ❏ Mentiras.
- ❏ Consumo de alcohol.
- ❏ Consumo de drogas.
- ❏ Pornografía.
- ❏ Adulterio.
- ❏ Divorcio.
- ❏ Abuso físico.
- ❏ Abuso emocional.
- ❏ Abuso sexual.

Los siguientes pecados de omisión son cosas que su marido o su mujer no hace o no hizo. Con frecuencia estos pecados son más dañinos que los pecados de comisión:

- ❏ Afecto retenido.
- ❏ Bendición negada.
- ❏ Palabras de ánimo no pronunciadas.

Los asuntos marcados en la lista precedente deben ser llevados a la cruz de Cristo y dejados allí. Para simplificar las cosas, proporcionamos un modelo de oración para ayudarle a abordar el proceso. Es útil contar con alguien que ore con usted y le sirva de apoyo. Santiago 5:16 declara que si confesamos nuestras ofensas unos a otros seremos sanados.

Señor, perdono a mi marido/mujer, novio/novia por el pecado de _____. (Mencione ahora todos los pecados que necesita perdonar a su marido/mujer. Hágalo todo de una sola vez.) Señor, te pido que me perdones el pecado de la falta de perdón a mi marido/mujer por estos pecados. Perdona mi amargura, resentimiento e ira hacia mi marido/mujer.

Te pido perdón por la rebelión contra mi marido/mujer, y ahora rompo todas las maldiciones, pensamientos negativos y calumnias que he hablado contra él/ella. ¡Sustituyo ahora esas maldiciones con bendiciones poderosas!

Padre, quiero hacer ahora una oración de bendición sobre mi marido/mujer. (Levántese y ore enérgicamente, con todo su corazón y todas sus fuerzas; eleve su voz y ore con fe.) Oro para que:

- ✓ *le/la bendigas a él/ella con la salvación.*
- ✓ *le/la bendigas a él/ella con la misma libertad que yo he hallado hoy.*
- ✓ *le/la bendigas a él/ella con un corazón nuevo y tierno.*
- ✓ *bendice su matrimonio.*
- ✓ *bendice su economía y su trabajo.*
- ✓ *bendícele/a con gozo, paz, amabilidad, amor y todos los frutos del Espíritu.*
- ✓ *bendícele/a para que sea libre de condenación y de vergüenza, para que sanen sus heridas.*
- ✓ *bendícele/a con una larga vida y con excelente salud.*
- ✓ *bendícele/a para que sea libre de todos los planes y tramas de Satanás.*

Declaro que amo a mi marido/mujer. Yo le/la miro con tus ojos y veo su herida y su dolor. Te pido con fe que derrames tu fuego sobre él/ella. ¡Hazlo ahora, Señor! Mis cadenas se han quebrado y soy libre delante de ti. Gracias por el poder de la cruz.

Haga la siguiente oración con convicción, de todo su corazón, y creyendo que Dios se va a mover ahora de una manera poderosa.

Padre, renuncio a una vida de ira, amargura y falta de perdón. Renuncio al derecho a sentirme ofendido/a. Rindo el derecho a que se me haga justicia. Te entrego mi relación con mi marido/mujer; ahora está en tus manos. No soy responsable de lo que sólo tú puedes hacer. ¡Corto ahora esa atadura! Reprendo a los espíritus de:

- ✓ *rechazo*
- ✓ *abandono*
- ✓ *ira*
- ✓ *amargura*
- ✓ *falta de perdón*
- ✓ *división*

Cuando vuelva a tener pensamientos amargos, repréndalos y resuelva firmemente no volver a sentirse ofendido/a. Si es posible, escriba una carta breve a su marido o mujer diciéndole que le/la ama, y bendígale/la honestamente. No le/la critique en esta carta; bendígale/la solamente y deje el resultado en manos del Señor.

IV. CÓMO LIBRARSE DE LA IRA

1. **Arrepiéntase** de las maneras en que la ira, la injusticia y la falta de perdón han marcado su vida. Use las listas de las páginas anteriores para subrayarlas y para ayudarle a confesarlas al Señor.

2. **Reprenda** al enemigo por sus mentiras y su influencia. Tome autoridad sobre sus artimañas para engañarle con ofensas y derechos y retenerle preso detrás de muros de ira y resentimiento.

3. **Reemplace** la ira con el perdón. Renueve continuamente su mente dedicándose a la lectura de la Palabra de Dios, en su presencia, por medio de la oración y la adoración, y en comunión con su familia, amigos e iglesia.

4. **Reciba** la gracia del perdón de Dios, y la plenitud del Espíritu Santo. Pídale que le dé una revelación nueva y personal de su gran amor por usted y su perdón.

V. PARA VIVIR LIBRES DE LA IRA

Afirme las siguientes declaraciones:

- ✓ Perdonaré a otros como Dios me ha perdonado a mí.

- ✓ Escogeré afrontar los asuntos, ofrecer perdón al perpetrador(es), y dejaré el resto en manos de Dios.

- ✓ Viviré ofreciendo perdón a los demás.

- ✓ Creceré cada vez más en el entendimiento de que las heridas de mi pasado nunca escaparon al escrutinio de Dios.

- ✓ No permitiré que Satanás me retenga en la atadura de la falta de perdón.

- ✓ Perdonaré a otros sin tener en cuenta cómo me respondan.

- ✓ Permitiré que otros vean cómo actúa la gracia, la misericordia y el perdón de Dios en mí.

- ✓ Conoceré y entenderé que el perdón proporciona libertad y liberación de mis heridas pasadas y presentes.

Dé los siguientes pasos para empezar a vivir verdaderamente libre de la ira:

- ✓ Pida a Dios que revele a su mente las personas contra las que usted tiene sentimientos no correctos. Haga una lista de nombres a medida que Dios se los revela; ate toda actividad del enemigo que estimule mórbida introspección. Examínese también para ver si tiene alguna amargura contra Dios o contra sí mismo e incluya estos nombres en la lista, si este es el caso.

- ✓ Si, después de perdonar a una persona por una ofensa grave, recuerda algún incidente concreto, tal vez menos doloroso, no deje que sus sentimientos vuelvan a arder. Al contrario, entregue a Dios el incidente/s y el dolor específico allí donde esté.

- ✓ Diga a Dios que está dispuesto/a a vivir con las consecuencias que se derivan del hecho o hechos del ofensor y compártalo con Él en oración.

- ✓ Con fe y con su autoridad en Cristo, recupere el terreno que ha cedido a Satanás como consecuencia de la falta de perdón. Reclame lo que es, por derecho, suyo y Satanás le ha robado por su falta de perdón.

- ✓ Si algún hecho subsiguiente de una persona a quien usted ha perdonado desencadenara recuerdos dolorosos y se siente tentado a hurgar en pasadas amarguras, entregue la tentación a Dios allí donde se encuentre.

V. PASAJES DE ESCRITURA A APLICAR

Proverbios 19:11 (RV 1960) *La cordura del hombre detiene su furor, y su honra es pasar por alto la ofensa.*

Proverbios 29:22 (RV 1960) *El hombre iracundo levanta contiendas, y el furioso muchas veces peca.*

Eclesiastés 7:8-9 (RV 1960) *Mejor es el fin del negocio que su principio; mejor es el sufrido de espíritu que el altivo de espíritu. No te apresures en tu espíritu a enojarte; porque el enojo reposa en el seno de los necios.*

Efesios 4:26-27 (RV 1960) *Airaos, pero no pequéis; no se ponga el sol sobre vuestro enojo, ni deis lugar al diablo.*

TEMOR E INCREDULIDAD

La mayoría no se da cuenta de cuán profundamente enraizado está el temor en su vida cotidiana. Vivimos literalmente en una cultura de temor: temor al terrorismo, temor al crimen, temor al cáncer y a la enfermedad, temor al abandono y al rechazo, temor a la quiebra económica y más. El temor conduce a la incredulidad en la Palabra, carácter y poder de Dios.

La naturaleza del temor consiste en engañar (extraviar por una falsa apariencia o declaración; engañar con astucia, falsificar, embaucar, informar erradamente, llevar por mal camino). Cuando se teme, se es vulnerable a la explotación, la manipulación, el engaño y el control. El enemigo lo sabe y lo usa para sacar el máximo provecho.

La Biblia deja bien claro que el Señor desea que seamos libres del temor. La libertad del temor se obtiene:

- ✓ permitiendo que el poder el Espíritu Santo revele la presencia de temor en nuestra vida.

- ✓ llevando los temores a la cruz mediante el perdón y la afirmación de la verdad.

- ✓ permitiendo a Dios alentarnos y fortalecernos en nuestras debilidades por su poder y su presencia.

- ✓ comprometiéndose a actuar y andar en plena fe y confianza en Dios, su carácter, su voz y su Palabra.

I. RAÍCES DEL TEMOR

El temor no es de Dios.

2 Timoteo 1:7 *Porque no nos ha dado Dios espíritu de cobardía, sino de poder, de amor y de dominio propio.*

El temor surge por desconocer y no entender el carácter y la Palabra de Dios.

El temor es fruto de la falta de fe.

Mateo 14:30-31 *Pero al ver el fuerte viento, tuvo miedo y comenzó a hundirse. Entonces gritó: «¡Señor, sálvame!» Al momento Jesús, exten-diendo la mano, lo sostuvo y le dijo: «¡Hombre de poca fe! ¿Por qué dudaste?»*

II. CÓMO RECONOCER EL TEMOR

A. TEMOR AL CASTIGO: ESCASA PAZ, ESPERANZA, FE O GOZO

1 Juan 4:18 (RV) *En el amor no hay temor, sino que el perfecto amor echa fuera el temor, porque el temor lleva en sí castigo.*

- ✓ mis tiempos quietos de oración y lectura bíblica están motivados por el temor.
- ✓ mi relación con Jesús se basa en la realización.
- ✓ temo fallar a Dios.
- ✓ temo el castigo de Dios.

Formas de castigo que uno puede temer:

- ✓ que el Señor no me conceda dones espirituales.
- ✓ carecer de una intimidad profunda con Jesús
- ✓ tener pensamientos antinaturales en relación al sufrimiento
- ✓ tener temor del proceso de libertad
- ✓ Dios se ocultará de mí, me ignorará, no me escuchará (como si tuviera que ganarme su atención, como con las relaciones humanas).
- ✓ Dios estará enfadado conmigo o no me perdonará

B. TEMOR DEL HOMBRE (INSEGURIDAD).

Proverbios 29:25 *El temor del hombre le pone trampas; el que confía en Jehová está a salvo.*

Isaías 51:7 *Oídme, los que conocéis justicia, pueblo en cuyo corazón está mi Ley. No temáis afrenta de hombres ni desmayéis por sus ultrajes.*

- ✓ temo lo que otros piensan de mí
- ✓ temo (imagino) lo que otros dicen de mí
- ✓ temo ser rechazado por los más cercanos a mí
- ✓ temo a los que están en autoridad
- ✓ temo comunicarme
- ✓ temo la mediocridad y la comparación desfavorable con otros (la persona que se compara teme porque no cree que Dios la ha creado para un gran propósito)
- ✓ temo la confrontación
- ✓ temo lo que otros opinan de mí
- ✓ temo ser tenido por responsable
- ✓ temo el fracaso

C. TEMOR A LA INCERTIDUMBRE

Deuteronomio 28:66-67 *Tendrás la vida como algo que pende delante de ti, estarás temeroso de noche y de día y no tendrás seguridad de tu vida. Por la mañana dirás: «¡Quién diera que fuera la tarde!», y a la tarde dirás: «¡Quién diera que fuera la mañana!», por el miedo que amedrentará tu corazón y por lo que verán tus ojos.*

- ✓ temo no conocer la voluntad de Dios o errar en su llamado
- ✓ temo no confiar que Dios pueda cumplir sus propósitos en mí
- ✓ temo no dar la talla para responder al llamado de Dios
- ✓ temo que si me comprometo ahora puedo perderme algo mejor en el futuro
- ✓ temo que el comprometerme en un ministerio me pueda hacer perder otras oportunidades
- ✓ temo hacer un compromiso con un ministerio de oración

- ✓ temo comprometerme a asistir a una iglesia
- ✓ temo dar el diezmo a la iglesia
- ✓ temo que Dios me pueda pedir demasiado
- ✓ temo orar en voz alta y que otros juzguen mi oración

D. TEMOR A VIVIR SEGÚN EL NUEVO TESTAMENTO Y LA OBRA SOBRENATURAL DE DIOS

Lucas 8:37 *Entonces toda la multitud de la región alrededor de los gadarenos le rogó que se alejara de ellos, pues tenían gran temor. Entró, pues, Jesús en la barca y se fue.*

- ✓ temor a la liberación
- ✓ temor a la realidad demoníaca
- ✓ temor a la sanidad
- ✓ temor a la persecución
- ✓ temor a ser considerado un desequilibrado o un fanático
- ✓ temor a pagar el precio de seguir a Cristo
- ✓ temor a la obra del Espíritu Santo
- ✓ temor a manifestaciones falsas
- ✓ temor a la guerra espiritual
- ✓ temor a que lo visible en el espíritu no se haga visible en la realidad física
- ✓ temor a otros elementos/repercusiones del ministerio de Jesús

E. TEMOR AL FRACASO

El temor puede ir en contra de la fe, y ayudar a veces a provocar el fracaso que se teme, cumpliendo uno mismo una especie de auto-profecía. Las Escrituras abundan en personajes instruidos por Dios o sus agentes a «no temer». No debemos temer nada, ni siquiera nuestros fracasos.

- ✓ temo volver a caer en el pecado
- ✓ temo no ser librado de hábitos o adicciones pecaminosos
- ✓ temo no casarme nunca.
- ✓ temo casarme
- ✓ temo el divorcio
- ✓ temo la intimidad y el ser conocido como realmente soy
- ✓ temo que nuestros hijos no «salgan bien»

- ✓ temo no tener éxito en una buena carrera
- ✓ temo la tentación
- ✓ temo decepcionar a mis padres o a otros a quienes respeto

F. TEMOR A MALAS NOTICIAS O CIRCUNSTANCIAS

Salmo 112:7-8 *No tendrá temor de malas noticias; su corazón está firme, confiado en Jehová. Asegurado está su corazón; no temerá, hasta que vea en sus enemigos su deseo.*

- ✓ temor a noticias de división
- ✓ temor a noticias de pecado
- ✓ temor a una reducción del número de fieles en la iglesia, ministerio o empresa
- ✓ temor a malas noticias
- ✓ temor a circunstancias muy difíciles
- ✓ temor al levantamiento de grupos anticristianos
- ✓ temor a que algún miembro de la familia sea herido o asesinado
- ✓ temor a una quiebra repentina de nuestra economía
- ✓ temor al «peor escenario», aun cuando nada malo haya sucedido realmente

G. TEMOR A QUE SE CONOZCA NUESTRO PASADO (Y SUS POSIBLES CONSECUENCIAS).

Isaías 54:4 *No temas, pues no serás confundida; no te avergüences, porque no serás afrentada, sino que te olvidarás de la vergüenza de tu juventud y de la afrenta de tu viudez no tendrás más memoria.*

- ✓ temo tener que hablar a mi cónyuge de pecados sexuales del pasado
- ✓ temo sufrir vergüenza por mi pasado
- ✓ temo que mi pasado pueda deshonrarme, u obstaculizar o detener la obra de Dios en mi vida
- ✓ temo el castigo de Dios por mi pasado
- ✓ temo el castigo de Dios por pecados contra los que combato en el presente
- ✓ temo confesar una lucha contra la homosexualidad y lo que otros puedan pensar si confieso esa batalla
- ✓ temo confesar la vergüenza y la culpa por haber tenido un aborto
- ✓ temo que no sanen las cicatrices o heridas sufridas en mi pasado (incluidas las enfermedades de transmisión sexual)
- ✓ temo que se descubra «quién soy realmente»

H. LOS TEMORES ANORMALES Y REPENTINOS SIEMPRE PROCEDEN DE SATANÁS.

Proverbios 3:24-25 *Cuando te acuestes, no tendrás temor, sino que te acostarás y tu sueño será grato. No tendrás temor de un pavor repentino ni de la ruina de los impíos, cuando llegue.*

- ✓ temor a la soledad
- ✓ desesperanza
- ✓ temores tiránicos
- ✓ miedo a la muerte
- ✓ temor a la enfermedad
- ✓ temor al cáncer
- ✓ temor a la muerte del cónyuge, hijos o miembros de la familia
- ✓ temor a la falta de provisión (a no cubrir las necesidades)

- ✓ temor al crimen y al terrorismo
- ✓ temor a los accidentes

III. CÓMO RECONOCER LA INCREDULIDAD

La incredulidad parece bastante inofensiva a muchos cristianos. Parece un defecto inocente, ¿no es así? Consideramos que este pecado es más una cuestión de pragmatismo, cautela o prudencia. En realidad, la incredulidad duda de la Palabra de Dios, su obra y su carácter, con temor, obstinación o rebelión. Expresa esas dudas tanto de palabra como de hecho. Asegura que nosotros disponemos de un mejor instrumento para medir la realidad que Dios. Da preeminencia a nuestras propias asunciones, presuposiciones, prejuicios y temores.

Considere algunas de las características de la incredulidad:

- ✓ determina a su propio criterio lo que Dios puede o no puede hacer, lo que hará o dejará de hacer, y cómo Él opera o deja de operar.
- ✓ busca sus propios métodos para llevar a cabo la obra de Dios, tanto personal como corporativamente.
- ✓ mira hacia dentro en vez de hacia arriba. Como dice Jim Cymbala en *Fresh Faith* (Fe Reciente), «La incredulidad habla consigo misma en vez de hablar con Dios»[1].

En vez de buscar al Señor y actuar en fe, conforme a su carácter y sus promesas, dependemos de nuestro propio entendimiento, métodos y fuerzas para la vida y el ministerio. Esta tendencia hacia la incredulidad suele estar arraigada en el temor, el orgullo, la rebelión y otras áreas de pecado:

- ✓ Cuando es motivada por el temor, la incredulidad se puede manifestar a través de mecanismos autoprotectores de defensa, similares a los que se dan al tratar la inseguridad y la inferioridad.
- ✓ Cuando brota del orgullo o la rebelión, la incredulidad puede ir disfrazada de realismo, intelectualismo y pragmatismo.
- ✓ En la iglesia, la incredulidad suele disimularse con un espíritu crítico, religioso, como en el caso de los fariseos de los tiempos de Jesús.

Aun cuando pueda estar profundamente oculta, la incredulidad nunca deja de verse o de notarse. Las Escrituras dejan bien claro que Dios mira la incredulidad como un pecado grave, y trata con él enérgicamente.

La mucha fe cree en Dios ¡y actúa en conformidad! La mucha fe cree que no hay nada imposible para Dios, y Jesús dijo que tiene poder para mover montañas. Sin ella, tal como se nos recuerda en Hebreos 11:6, es absolutamente imposible agradar a Dios.

A. FRUTOS DE LA INCREDULIDAD

- ✓ obstruye la presencia y el poder de Dios en nuestra vida
  - ✓ abre la puerta a ofensas infundadas, especialmente de parte de Dios, y muchas veces de los que viven en obediencia a Dios
  - ✓ alimenta una raíz de escepticismo
  - ✓ obstruye la oración
  - ✓ conduce a la inestabilidad
  - ✓ alimenta una actitud crítica

- ✓ el pueblo de Dios pierde la sensibilidad al Espíritu Santo y a las cosas espirituales
- ✓ envenena a otros
- ✓ fomenta la arrogancia y el orgullo
- ✓ socava la estima por la Palabra de Dios y su carácter
- ✓ exalta mi propio criterio como si fuera el correcto, anteponiéndolo incluso al criterio del Señor
- ✓ genera desánimo en otros y apaga su fe
- ✓ despierta la decepción, la ira y la desaprobación de Dios
- ✓ impide la actuación y la actividad del Espíritu Santo
- ✓ conduce al control

B. RECONOZCA LA INCREDULIDAD

Pida al Espíritu Santo que examine su corazón mientras considera la siguiente lista. Marque las casillas que le incumban:

❑ Me siento decepcionado —e incluso ofendido— porque Dios no parece obrar como yo creo que debiera, o responder mis oraciones de la manera que a mí me gustaría.

❑ Cuando oigo hablar de experiencias de la presencia y el poder de Dios, o de respuestas a la oración, me muestro escéptico. Suelo reaccionar intentando analizar o desaprobar esos alegatos.

❑ Intento hacer pasar un espíritu crítico por un espíritu de Berea («de discernimiento y protección espiritual» —véase Hechos 17:11).

❑ Critico la dirección y los métodos de la iglesia y de los líderes en el ministerio.

❑ Tiendo a sospechar de otros.

❑ Me cuestiono por qué el Espíritu Santo no me habla a mí o no me usa tan poderosamente como usa a otros.

❑ Dudo que Dios realmente hable o use a otros tal como ellos dicen, porque no veo que Él me hable ni me use a mí de esa manera.

❑ Tiendo a ser autosuficiente e independiente. Si soy honesto al respecto, tiendo a ser autosuficiente e independiente de Dios.

❑ Percibo personas y situaciones como «imposibles», en vez de «posibles con Dios».

❑ No estoy seguro de que tengo autoridad espiritual a través de Jesucristo.

❑ No me siento motivado a orar constantemente, y tengo poco interés en elevar oración intercesora o de combate espiritual.

- ❏ La oración suele ser el último recurso para mí. Antes intento explicarme las cosas o resolverlas yo mismo. Mis actos indican que creo que Dios ayuda a los que se ayudan a sí mismos.

- ❏ Sucumbo a conductas habituales y adicciones (mecanismos de defensa) para consolarme cuando me siento desanimado, temeroso, desesperanzado, ofendido, etc.

- ❏ Tomo decisiones influido por mis temores en vez de lo que siento que Dios quiere que haga en situaciones concretas (dónde ir, cómo ir, qué pueden hacer mi cónyuge/hijos, dónde pueden ir, etc.)

- ❏ Creo que mi situación, mis pecados, mis temores, mi matrimonio, mi vida espiritual, mi _____ (rellene el espacio en blanco) nunca cambiarán.

- ❏ Me aterrorizo cuando recibo noticias malas o inquietantes, o incluso cuando se me sugiere que algo malo o inquietante puede ocurrir.

- ❏ Tiendo a preocuparme, sentir temor o ansiedad por muchas cosas.

- ❏ Temo que mis hijos, u otros miembros de la familia, nunca sean salvos.

- ❏ Intento controlar a personas, situaciones, e incluso a Dios, porque temo soltarlas y confiar que Él las cuide, las guíe, las proteja, las salve, etc.

- ❏ Dudo que el Espíritu Santo obre sobrenaturalmente en la actualidad.

- ❏ Temo asumir el riesgo de orar y ministrar audazmente con otros en áreas como la sanidad o la liberación espiritual.

- ❏ Temo dar pasos de fe para responder a revelaciones que Dios me ha confirmado a mí o a otros en el cuerpo de Cristo.

- ❏ Las circunstancias visibles ejercen mayor influencia en mí que la Palabra escrita de Dios, sus palabras habladas o su carácter.

IV. CÓMO SER LIBRE DEL TEMOR Y LA INCREDULIDAD

- ✓ Note que detrás de todo temor anda al acecho una mentira. El temor sólo arraiga cuando se cree una mentira acerca de un peligro, conflicto o dolor anticipados. El problema no radica en la situación potencial. El problema es la mentira que creemos acerca de la capacidad de Dios (o la incapacidad percibida) para proteger, proveer, consolar, fortalecer y equiparnos para toda circunstancia que vivamos.

- ✓ Usted debe de tomar la decisión de aborrecer los pecados del temor y la incredulidad con santa violencia. El temor entristece el corazón de Dios, puesto que niega la realidad de su asombrosa provisión y protección. El temor alimenta la incredulidad en Dios, su carácter, su Palabra y su poder.

- ✓ Confiese todas las áreas específicas de los pecados del temor y la incredulidad.

- ✓ Pida a Dios que le revele todas las áreas y raíces de temor que aún le son desconocidas. Considere pedir a alguien que ore con usted acerca de esto. Pueden discernir o recibir la revelación del Espíritu Santo acerca de las áreas de temor que son puntos ciegos para usted.

- ✓ Renuncie al temor y a la incredulidad en el nombre de Jesús, y reprenda al enemigo en el nombre y la sangre de Jesús. Ordene firmemente al enemigo que huya, y plántese en fe (use las 4 erres).

Muévase luego en el «espíritu opuesto» — en dirección opuesta — a sus temores. No basta con confesar sus temores; debe confrontarlos agresivamente, recibir el amor y las promesas de Dios y reemplazar toda incredulidad con afirmaciones convencidas de la verdad de la Palabra de Dios y su carácter.

V. UNA VIDA LIBRE DEL TEMOR Y LA INCREDULIDAD

A medida que crecemos en disposición y capacidad de oír la voz de Dios y de llevar a cabo el ministerio «tipo Jesús», seremos retados a afrontar áreas en las que tenemos poca o ninguna experiencia. Si nos fijamos en nuestros propios recursos físicos, psicológicos y emocionales, nos daremos cuenta que son inadecuados para las exigencias de la vida, el ministerio y la batalla espiritual. Veremos la enorme grieta entre lo que podemos hacer en nuestras propias fuerzas (lo natural), y lo que podemos hacer en el poder del Espíritu Santo (lo sobrenatural).

Esa grieta se tapa cuando no nos fijamos en nuestras manos e ineptitudes, sino que nos lanzamos por fe a hacer lo que Jesús dijo que podríamos y deberíamos hacer. Cada vez que damos pasos de fe y ocurre algo sobrenatural, nuestra fe — y confianza — se ve reforzada. A medida que crece la fe, disminuye el temor.

Haga las siguientes afirmaciones:

- ☐ Renunciaré al temor y a la duda, y las sustituiré por la fe y la confianza en la Palabra, el carácter y el poder de Dios.

- ☐ No viviré solamente guiado por lo que veo y entiendo con mis sentidos naturales, o por mis reacciones emocionales y temores, sino conforme a la Palabra y las promesas reveladas de Dios.

- ☐ Siempre procuraré honrarle a Él; no le des-honraré, ni a los que procuran andar en obediencia y en mucha fe.

- ☐ Pediré al Señor cada día que aumente mi fe.

- ☐ Dedicaré más tiempo a la lectura de la Palabra, así podré ahondar en el conocimiento de la obra, el carácter y las promesas de Dios.

- ☐ Aprenderé a oír su voz y a actuar en conformidad.

- ☐ No viviré en rebelión temiendo las consecuencias naturales de la obediencia a Dios.

- ☐ No ocultaré un espíritu crítico e incrédulo so pretexto de ser práctico, prudente o como los de Berea.

- ☐ Esperaré a que Dios cumpla sus promesas. No dependeré de mis propios planes, falsos consuelos o mecanismos de defensa o control.

- ☐ Daré pasos audaces de fe para ministrar como Jesús ministró.

- ☐ Viviré y ministraré confiadamente en la autoridad espiritual que tengo en Jesucristo.

- ☐ Viviré por encima de mis emociones y circunstancias, confiando plenamente en la provisión, la protección y la capacitación de Dios.

- ☐ No temeré ni me rebelaré contra la obra sobrenatural del Espíritu Santo.

- ☐ Cultivaré una cultura de mucha fe con los que me rodean, comenzando por mi familia, e incluyendo mi ministerio, mi familia de la iglesia y mis amigos.

VI. PASAJES DE ESCRITURA A APLICAR

A. TEMOR

Salmo 23:4 (NVI) *Aun si voy por valles tenebrosos, no temo peligro alguno porque tú estás a mi lado; tu vara de pastor me reconforta.*

Proverbios 12:25 (NVI) *La angustia abate el corazón del hombre, pero una palabra amable lo alegra.*

Isaías 8:12 (NVI) *No digáis vosotros que es conspiración todo lo que llama conspi-ración esta gente; no temáis lo que ellos temen, ni os dejéis asustar.*

Isaías 41:10, 13 (NVI) *Así que no temas, porque yo estoy contigo; no te angusties porque yo soy tu Dios. Te fortaleceré y te ayudaré; te sostendré con mi diestra victoriosa. Porque yo soy el SEÑOR, tu Dios, que sostiene tu mano derecha; yo soy quien te dice: «No temas, yo te ayudaré».*

Mateo 28:20 (NVI) *Y os aseguro que estaré con vosotros siempre, hasta el fin del mundo.*

Hechos 18:10 (NVI) *Pues estoy contigo. Aunque te ataquen, no voy a dejar que nadie te haga daño, porque tengo mucha gente en esta ciudad.*

Filipenses 4:6 (NVI) *No os inquietéis por nada; más bien, en toda ocasión, con oración y ruego, presentad vuestras peticiones a Dios y dadle gracias.*

B. INCREDULIDAD

Salmo 78:19-22 *Y hablaron contra Dios, diciendo: «¿Podrá poner mesa en el desierto? Él ha herido la peña, y brotaron aguas y torrentes inundaron la tierra. ¿Podrá dar también pan? ¿Dispondrá carne para su pueblo?» Y lo oyó Jehová y se indignó; se encendió el fuego contra Jacob y el furor subió contra Israel, por cuanto no le habían creído ni habían confiado en su salvación.*

Mateo 6: 25-30 (NVI) *Por eso os digo: No os preocupéis por vuestra vida, qué co-meréis o beberéis; ni por vuestro cuerpo, cómo os vestiréis. ¿No tiene la vida más valor que la comida, y el cuerpo más que la ropa? Fijaos en las aves del cielo: no siembran ni cosechan ni almacenan en graneros; sin embargo, el Padre celestial las alimenta. ¿No valéis vosotros mucho más que ellas? ¿Quién de vosotros, por mucho que se preocupe, puede añadir una sola hora al curso de su vida? ¿Y por qué os preocupáis por el vestido? Observad cómo crecen los lirios del campo. No trabajan ni hilan; sin embargo, os digo que ni siquiera Salomón, con todo su esplendor, se vestía como uno de ellos. Si así viste Dios a la hierba que hoy está en el campo y mañana es arrojada al horno, ¿no hará mucho más por vosotros, gente de poca fe?*

Mateo 13:58 *Y no hizo allí muchos milagros debido a la incredulidad de ellos.*

Hebreos 11:1 *Es, pues, la fe la certeza de lo que se espera, la convicción de lo que no se ve.*

Hebreos 11:6 *Pero sin fe es imposible agradar a Dios, porque es necesario que el que se acerca a Dios crea que él existe y que recompensa a los que lo buscan.*

---

1. Jim Cymbala, *Fresh Faith*, Grand Rapids: Zondervan, 1999, 93.

INSIGNIFICANCIA E INFERIORIDAD

Martín Lutero dijo en cierta ocasión que no importa de que lado del caballo uno se cae, en ambos casos se trata de una caída. Esto es aplicable al intento de Satanás de separarnos del amor de Dios. Una manera en que lo hace es convenciéndonos de que no necesitamos su amor y su perdón. Pensamos que estamos bien como estamos. Eso es orgullo.

Pero la otra estratagema igualmente insidiosa es engañarnos pensando que no merecemos su amor y su perdón. En este caso, nos derribamos a nosotros mismos; nos concentramos en nuestras inseguridades e insuficiencias, nos revolcamos en autocompasión y autoaborrecimiento y nos encerramos en una prisión de rechazo, condenación e inseguridad. A esto lo llamamos fortaleza de insignificancia e inseguridad.

I. RAÍCES DE LA INSIGNIFICANCIA Y LA INFERIORIDAD

Una fortaleza de insignificancia e inseguridad deforma la percepción de la realidad con la mentira de que no somos amados e importantes por el mero hecho de ser lo que somos y que nosotros (y otros) sólo somos estimados por cosas como posición, capacidades, apariencia, status social, éxito, posesiones, carrera o ministerio. No acertamos a reconocer que somos incondicionalmente amados y apreciados por Dios. Esta fortaleza sustenta un círculo vicioso de desesperanza, esfuerzo inútil y desaliento: desesperanza porque nunca llegaremos a ser ni haremos las cosas que soñamos, aunque nos esforcemos por conseguirlas; desesperanza y condenación cuando fracasamos.

II. CÓMO RECONOCER LA INSIGNIFICANCIA Y LA INFERIORIDAD

Insignificancia es creer que somos de rango y status inferior (de menos valor e importancia) que otros, de inferior calidad, o por debajo de la media. Insiste en que Dios no puede (o no quiere) bendecirnos como a otros. Asume que esta es la causa por la que no han funcionado las cosas o han sal-ido mal, o por qué nuestras oraciones no fueron contestadas.

- ✓ La insignificancia está arraigada en las mentiras y etiquetas del enemigo, que se nos opone desde el nacimiento.

- ✓ La insignificancia está arraigada en la excesiva conciencia de uno mismo, y en sentirse inferior cuando uno se comprara con otros.

- ✓ La insignificancia nos impulsa a luchar contra la autocompasión, la ira y la codicia.

- ✓ La insignificancia nos convence de que no estamos en nuestro ambiente y a menudo nos sentimos defraudados (autocompasión). Vemos casi siempre que otros son mayores o más importantes que nosotros, en todo.

- ✓ La insignificancia nos hace creer que el Señor no nos ve ni nos sonríe, por lo que rechazamos la promesa de que Él tenga un propósito para nosotros. No hallamos gozo en el hecho de que Él nos haya escogido.

- ✓ Vivimos con ira reprimida hacia las personas que nos rechazaron en el pasado o nos hicieron sentir inferiores. Solemos ser críticos con estas personas porque nos hacen sentir inferiores. La ira se levanta y se manifiesta contra ellas de diversas maneras.

A. PIDA AL ESPÍRITU SANTO QUE LE AYUDE A EXAMINAR SU CORAZÓN MIENTRAS CONSIDERA LA SIGUIENTE LISTA

A menudo siento y pienso que (marque todas las casillas que le incumban):

- ❑ No soy nadie en ninguna parte.
- ❑ Soy feo y débil y despreciado.
- ❑ No tengo nada que ofrecer a nadie.
- ❑ No soy un hombre (o una mujer) «auténtico».
- ❑ Creo que la gente no quiere hablar conmigo porque es superior a mí.
- ❑ Miro hacia el suelo cuando me cruzo con otras personas.
- ❑ No digo «hola» a la gente porque nadie me conoce y no parezco importarle a nadie.
- ❑ Soy tímido (o me suelen tildar de «tímido») porque no tengo nada que decir a los demás.
- ❑ Yo y toda mi familia no somos nadie.
- ❑ No veo nada «bueno» en cómo Dios me creó (ingratitud).
- ❑ No me gusto a mí mismo.

B. LA INFERIORIDAD PRODUCE UNA EXCESIVA CONCIENCIA DEL YO

- ❑ Casi siempre soy consciente de mí mismo y me vuelco hacia mi interior.
- ❑ Me suelo comparar con otros.
- ❑ Me sorprendo preguntándome qué piensan otros de mí, lo cual conduce a un profundo sentido de inseguridad.

C. LA INFERIORIDAD SE ENCARGA DE QUE SIEMPRE NOS SINTAMOS INFERIORES CUANDO NOS COMPARAMOS CON OTROS

- ❑ Me comparo constantemente con otros y normalmente me siento inferior.
- ❑ Temo hablar con personas a las que tengo por superiores a mí.
- ❑ Codicio los dones ajenos (amigos, matrimonios, hijos, novios/novias, em-

pleos, puestos, posesiones, apariencia física, destrezas y habilidades).

- ❏ Siento celos de la apariencia de otras personas, cómo actúan y cómo hablan.
- ❏ Sólo cultivo amistades con los que considero iguales o inferiores a mí.

D. LA INFERIORIDAD ENGENDRA TEMOR Y TRATA DE EVITAR RETOS SALUDABLES, CONCEDIDOS POR DIOS CON LA INTENCIÓN DE PRODUCIR CRECIMIENTO (PASIVIDAD)

- ❏ Me siento aliviado cuando se escoge a «otra persona» para cierta asignación.
- ❏ Me siento temeroso o ansioso de ser res-ponsable de tareas porque creo que probablemente fallaré.
- ❏ Prefiero permanecer escondido o en el anonimato, y no ser escogido para alguna tarea.
- ❏ Quiero que me den tareas fáciles que pueda realizar con mis habilidades naturales.
- ❏ Sólo decido hacer cosas que me resultan conocidas.
- ❏ Sólo hablo con personas a las que conozco.
- ❏ Evito riesgos (orar en voz alta, hablar ante una audiencia, ejercer el liderazgo o puestos de responsabilidad).
- ❏ Tengo mucho temor a fallar, de modo que apuesto por lo seguro.
- ❏ Prefiero estar solo porque es más seguro, más fácil y menos trabajoso.

- ❏ Soy incapaz o me siento no apto para compartir el evangelio con otros («es cosa de otros»).
- ❏ Si me veo forzado a participar en una actividad de alto riesgo, estoy deseoso de que acabe.
- ❏ Si me veo forzado a participar en una actividad de alto riesgo, me canso y me siento fatigado.
- ❏ No me gozo en los retos del Señor.

E. LA INFERIORIDAD SE APOYA EN UNA GRAN INCREDULIDAD ACERCA DE LA AUTORIDAD Y LA POSICIÓN QUE DIOS NOS HA CONCEDIDO EN EL CUERPO DE CRISTO

- ❏ El Señor no se toma en serio mis oraciones.
- ❏ Me resulta difícil creer que Dios me haya escogido para un propósito importante.
- ❏ Creo que soy insignificante para el Señor.
- ❏ Cuando un pastor habla de ser «guerrero para Cristo», siento que no se dirige a mí.

H. LA INFERIORIDAD ENGENDRA CRITICISMO HACIA LAS PERSONAS QUE SON DISTINTAS A NOSOTROS

- ❏ Critico a otros porque yo no podría o no haría las cosas de «esa manera».
- ❏ Critico a otros cuando ellos me retan porque «no puedo cambiar».

- ❏ Siento como si nadie me conociera ni me viera.
- ❏ El Señor no me habla.
- ❏ A menudo me cuestiono la presencia de Dios en mi vida.
- ❏ No creo que tenga ninguna autoridad o «gancho» espiritual; todo lo que hago es débil.
- ❏ No puedo ver mi destino (aun cuando alguien intente ayudarme), o cómo seré usado para extender el reino de Dios.

- ❏ Critico a otros porque creo que ellos piensan que son superiores a mí.

H. LA INFERIORIDAD HACE QUE NO EXTENDAMOS BENDICIONES A OTROS

- ❏ No bendigo a otros porque no tengo nada que darles.
- ❏ No bendigo a otros porque mis pensamientos o el ánimo que pueda darles no les importan realmente.
- ❏ No bendigo a otros porque no quiero que ellos me rechacen (me siento amenazado e inseguro).

F. LA INFERIORIDAD SE CONSUELA CON LA AUTOCOMPASIÓN

- ❏ Culpo a otros por no ver nada bueno en mí.
- ❏ Mis padres no me animaron mucho, por esta razón no creo en mí mismo.
- ❏ «Estos son mis rasgos de carácter; ¡Dios me hizo así!».
- ❏ Soy víctima de una vida dura.
- ❏ Nunca nadie me bendice, por lo que no debe esperarse mucho de mí.

I. LA INFERIORIDAD PROCURA LA APROBACIÓN DEL HOMBRE

- ❏ Me siento rechazado si no se me anima ni se me reconoce.
- ❏ Hago lo que creo que otros quieren que haga.
- ❏ Digo cosas que creo que me granjearán la aprobación de otros.
- ❏ Me siento inseguro si otros piensan mal de mí.
- ❏ Odio el conflicto no resuelto.

J. LA INFERIORIDAD CONDUCE A LA AMBICIÓN

- ❏ Me resulta difícil asumir el fracaso.
- ❏ El éxito es para mí una prioridad muy alta.
- ❏ Me juzgo a mí mismo y a otros por la medida de su éxito.
- ❏ Contemplo el éxito como algo que hay que conseguir.
- ❏ Quiero que la gente tenga un alto concepto de mí.
- ❏ Valoro mi reputación.

III. CÓMO SER LIBRE DE LA INSIGNIFICANCIA Y LA INFERIORIDAD

A. ARREPIÉNTASE

Jesús, te pido perdón por todas las maneras en que la insignificancia y la inferioridad han afectado mi vida y las de los que me rodean. (Pida perdón específicamente por cada casilla que haya marcado, así como por cualquier pecado que le venga a la memoria asociado con cada categoría.) Te pido perdón por no haber creído que me hiciste de manera muy especial, en tu gran amor y tus planes para mí. Lo veo y lo llamo pecado. Me arrepiento y me entrego a romper los hábitos de insignificancia e inferioridad en mi vida.

B. REPRENDA

En el nombre y la autoridad de Jesús, reprendo el espíritu de insignificancia e inferioridad. Reclamo autoridad sobre toda área de mi vida que cedí a la insignificancia y la inferioridad. Todo espíritu de ira, envidia, competitividad, autocompasión, incredulidad, rebelión, y todo espíritu engañador debe ir a los pies de Jesús. Con la autoridad que tengo en Jesús, renuncio y reprendo en su nombre a todo espíritu que diga mentira acerca de quién es Dios y lo que Él dice acerca de mí.

C. REEMPLACE

Sustituyo las mentiras del enemigo por la verdad de quién es Dios y lo que Él dice de mí. Escojo creer que soy precioso, amado y escogido por Dios y que Él no retiene ninguna cosa buena de mí.

D. RECIBA

Señor, recibo tu perdón prometido. Te pido y recibo con fe que derrames tu Espíritu Santo en mí para poder vivir una vida sobrenatural. Reconozco y recibo mi importancia, tu amor y tu favor hacia mí, la finalidad y la complejidad maravillosa con que me creaste, y el asombroso propósito que tienes para mi vida.

IV. UNA VIDA LIBRE DE LA INSIGNIFICANCIA Y LA INFERIORIDAD

Para ser libre de la fortaleza de la insignificancia y la inferioridad, hemos de poner en práctica palabras y acciones basadas en la realidad de nuestra aceptación e importancia en Cristo. Reciba, afirme y actúe apoyado en estas verdades.

Dios le ama profundamente. Es un insulto despreciarse a sí mismo y dudar de la propia importancia. «Lo que Dios limpió, no lo llames tú común» (Hechos 10:15).

Dios le ha honrado en gran manera. Él le ha adoptado, le ha hecho hijo suyo, y le considera santo y real sacerdocio en su reino (1 Pedro 2:9-10). Viva como tal. No confunda el desprecio de sí con la humildad.

Dios le estima grandemente. «Siendo aún pecadores, Cristo murió por nosotros» (Romanos 5:8). Al redimirle, Dios declaró su valor en las regiones celestiales. No cuelgue su cabeza en la indignidad. Ha sido adquirido a un gran precio.

Dios ha hecho plena provisión para usted. Él se deleita en darle cosas. Le ha concedido los dones espirituales que necesita para cumplir con su llamado y su destino. No se deje abrumar por su insuficiencia. Él cubrirá toda su necesidad (Filipenses 4:19).

Dios ha planeado meticulosamente para usted. Él le escogió desde antes de la fundación del mundo (lea Efesios 1). Ha dedicado mucho tiempo a pensar en usted.

Dios le ha dotado abundantemente. Cuando Jesús ascendió en su victoria sobre Satanás en la cruz, condujo un desfile triunfante en los cielos y distribuyó el despojo. Parte de ese botín son los dones espirituales que Él ha distribuido por el Espíritu Santo a su pueblo, para combatir y edificar el reino (véase Efesios 4:7-13). Usted ha recibido dones específicos para un propósito concreto en ese proceso.

Dios se ha gozado en usted inmensamente. Incluso ¡se regocija por usted con cánticos! (Sofonías 3:17). Recuerde lo que dijo en el bautismo de Jesús: «Tú eres mi Hijo amado, en ti tengo complacencia». La Biblia nos asegura una y otra vez que estamos «en Cristo». Usted es amado/a. No tiene que demostrar nada. El Padre se complace en usted.

V. PASAJES DE ESCRITURA A APLICAR

Proverbios 14:30 (NVI) *El corazón tranquilo da vida al cuerpo, pero la envidia corroe los huesos.*

Jeremías 29:11 *Porque yo sé los pensamientos que tengo acerca de vosotros, dice Jehová, pensamientos de paz y no de mal, para daros el fin que esperáis.*

Romanos 12:6 *Tenemos, pues, diferentes dones, según la gracia que nos es dada: el que tiene el don de profecía, úselo conforme a la medida de la fe.*

Efesios 4:7 *Pero a cada uno de nosotros fue dada la gracia conforme a la medida del don de Cristo.*

Santiago 3:16 *Pues donde hay celos y rivalidad, allí hay perturbación y toda obra perversa.*

1 Juan 3:1 *Mirad cuál amor nos ha dado el Padre, para que seamos llamados hijos de Dios; por esto el mundo no nos conoce, porque no lo conoció a él.*

PASIVIDAD

Jesús enseñó que el reino de Dios debe ser arrebatado por la fuerza. «Desde los días de Juan el Bautista hasta ahora, el reino de los cielos ha venido avanzando contra viento y marea, y los que se esfuerzan logran aferrarse a él» (Mateo 11:12, NVI). Jesús no se refirió a edificar el reino de Dios recurriendo a la violencia física. Estaba hablando de poder, esfuerzo, iniciativa y acción.

Las palabras ««fuerza» y «energía» que Jesús empleó en este pasaje de la Escritura proceden de las griegas *biastes* y *biazo*, que significan «presionar violentamente o abrirse paso a la fuerza». La misma palabra es usada para aludir al «embate de las olas», en Hechos 27:41. Al igual que las potentes olas baten implacable e incesantemente la costa, así nuestras vidas deben perseverar enérgicamente en buscar y obedecer a Dios.

En el «capítulo de la fe» del libro de Hebreos, el autor menciona algunos personajes cuya fe transformó su debilidad en fortaleza —*dunamis*—, la clase de fuerza a la que hicimos referencia en el capítulo que trata de la autoridad y el poder de Dios (véase el capítulo cuatro de este manual). Esta transform-ación les permitió ser poderosos en batallas y poner en fuga a ejércitos extranjeros» (Hebreos 11:34). Con este género de fuerza y de poder espiritual, el pasaje añade que hubo mujeres que recuperaron a sus muertos mediante resurrección» (vs. 35).

Para vivir libres de los ataques del enemigo sobre nuestra vida y para que el reino de Dios avance en nosotros y en el mundo, hemos de movernos en la fuerza, el poder y la autoridad de Jesucristo. Hemos sido llamados (y capacitados) para ser «más que vencedores» en Él (Romanos 8:37). Sin embargo, el espíritu de pasividad trata de aplastar la fuerza del poder y la autoridad de Cristo en usted. Trata de debilitarle, volverle impotente e inútil. Le ataca en el centro del designio original que Dios tuvo para usted: esto es, el ser portador de su imagen y su autoridad en la tierra.

I. RAÍCES DE LA PASIVIDAD

El espíritu de pasividad puede apagar el fuego de Dios en usted de múltiples maneras, pero siempre comienza en la mente. ¿Por qué no actuamos con más energía en la vida, las relaciones, las actividades y el ministerio? Busque las raíces que alimentan la pasividad (o la falta de iniciativa, actividad y obediencia):

- ✓ Desánimo
- ✓ Descorazonamiento, pesadez
- ✓ Depresión
- ✓ Intimidación
- ✓ Autoindulgencia
- ✓ Dilación o demora
- ✓ Diversos temores: temor al fracaso, temor a la confrontación, temor al rechazo, etc.
- ✓ Autodeterminación / rebelión / independencia
- ✓ Pereza

II. CÓMO RECONOCER LA PASIVIDAD

La pasividad es inactividad donde debiera haber obediencia. Puede incluir dejarse influir inútilmente, someterse sin objetar o resistir, dudar lo que la Biblia manda obedecer y falta de iniciativa.

- ✓ La pasividad no procede del Señor, y es una forma de rebelión:
- ✓ Es el vacío que hay donde debería haber acción.
- ✓ Dios nos llama a salir de la pasividad. Él nos llama a ser activos en la fe, en el cultivo de relaciones, en el servicio, y en todas las áreas de nuestra vida.

Proverbios 20:4 *El perezoso no ara a causa del invierno; luego, cuando llegue la siega, pedirá y no hallará.*

Proverbios 10:4 *La mano negligente empobrece, pero la mano de los diligentes enriquece.*

Hebreos 6:11-12 *Pero deseamos que cada uno de vosotros muestre la misma solicitud hasta el fin, para plena certeza de la esperanza, a fin de que no os hagáis perezosos, sino imitadores de aquellos que por la fe y la paciencia heredan las promesas.*

Considere en oración las siguientes listas. Pida al Espíritu Santo que le revele cualquier área de pasividad en su vida. Marque todas las casillas que le incumban:

A. LA PASIVIDAD ES UNA FORMA DE INDEPENDENCIA Y CONDUCE AL AISLAMIENTO

- ❑ Resisto la interdependencia.
- ❑ No pido ayuda al cuerpo de la iglesia.
- ❑ No ofrezco ayuda/servicio a otros del cuer-po de la iglesia.
- ❑ Me veo a mí mismo como un cristiano «privado»; soy reservado y me mantengo a solas.
- ❑ Critico la forma en que se hacen las cosas en mi iglesia, dudo del liderazgo (veo muchos defectos); me parece mejor para mí mantener cierta distancia y no involucrarme.
- ❑ Tiendo a observar las actividades ajenas (socialmente o en el ministerio); rara vez me siento motivado o digno de participar.
- ❑ Siento que no necesito a nadie.
- ❑ Me siento indigno de tener relación con otros.

B. LA PASIVIDAD ES UNA FORMA DE RESISTENCIA O REBELIÓN

- ❑ Resisto el perdón de Dios por no tomar la autoridad que Jesús me ha dado sobre mi pecado.
- ❑ Resisto obedecer al Señor al permitir que el pecado permanezca en mi vida.
- ❑ No busco el lugar del arrepentimiento.
- ❑ Me he acostumbrado, y soy indiferente, al pecado en mi vida.
- ❑ No creo que sirva de nada tomar autoridad sobre mis pecados.
- ❑ Resisto recibir los dones del Señor.
- ❑ No creo que Dios me conceda dones sobrenaturales y los use a través de mí.
- ❑ No estoy seguro de que los dones espirituales sean auténticos, o para el presente; quiero mantenerme a una distancia prudencial de ellos.
- ❑ Espero que otros reciban dones espirituales, pero no yo.
- ❑ Resisto posiciones de liderazgo porque no quiero asumir tanta responsabilidad o presión.
- ❑ No me gusta hacer lo que hace todo el mundo; yo soy particular.
- ❑ No es mi estilo «involucrarme más», y no me gusta que me presionen para que lo haga.
- ❑ No es mi estilo ser un líder o tomar la iniciativa.
- ❑ «Si [tal persona] se callara y dejara que otros hablaran/lideraran/tomaran la iniciativa de vez en cuando, entonces tal vez me implicaría (espíritu crítico, condenatorio).

C. LA PASIVIDAD DEJA QUE PERMANEZCA LA AUTOCOMPASIÓN

- ❑ Estoy acostumbrado a tener sentimientos de temor o de rechazo, por lo que tiendo a creer que siempre será así para mí.
- ❑ Me siento cómodo siendo como soy.
- ❑ Soy una víctima; no sé cómo dejar de serlo.
- ❑ Otros se equivocan al animarme a ser lo que no soy. Echo la culpa a otros por la manera como soy.

D. LA PASIVIDAD TIENE QUE VER CON LA MUCHA COMODIDAD

- ❑ Me permito sentirme cómodo donde estoy espiritualmente. Estoy satisfecho con mi caminar con Dios en el presente.
- ❑ Me permito sentirme cómodo donde estoy emocionalmente. Siempre he luchado contra _____ (por ejemplo, la depresión, la inseguridad, la timidez, el temor, la soledad, etc.). Así son las cosas, de modo que ¿por qué he preocuparme por ello e intentar encontrar una «cura»?

- ❏ Me permito sentirme cómodo donde estoy físicamente. No me importa lo que otros piensen de mi apariencia. ¡Qué le vamos a hacer si no les gusta lo que ven!

E. LA PASIVIDAD ENGAÑA

- ❏ «No debo lanzarme a tomar la iniciativa, de otro modo sentiría lo contrario».

- ❏ «Fracasaría si intentara tomar la iniciativa».

- ❏ «¡No es mi forma de ser!»

- ❏ «No me pasa nada, de manera que no necesito cambio ni libertad».

- ❏ «Al menos hay algún consuelo en la autocompasión y en ser una víctima».

- ❏ «¡No necesito a nadie que me diga como tengo que actuar!»

III. CÓMO ROMPER CON LA PASIVIDAD

A. ARREPIÉNTASE

Arrepiéntase de toda especie de pasividad —incluidas las maneras a las que ha recurrido para buscar comodidad, escape, y/o independencia. Confiese los títulos del ejercicio anterior y cualquier cosa específica que deba ser tratada en cada epígrafe. Pida —y reciba— el perdón de Dios. Reprenda a todo espíritu demoníaco de pasividad que le ha asaltado y atacado con mentiras acerca de su verdadera naturaleza y llamado, arrastrándole a ser pasivo en cualquier área de su vida. Arremeta contra ellos por la autoridad de Jesucristo. Póngalos bajo sus pies conforme a la Palabra de Dios. Rechácelos por completo y la influencia que ellos han tenido en su vida.

B. REEMPLACE

Sustituya el espíritu de pasividad por la verdad del ser de Dios y el propósito para el que le creó. Comience a vivir con iniciativa y pasión por el Señor y todo lo que es justo en Él —tanto hacia Él como hacia otras personas. Rompa los patrones de pasividad tomando la iniciativa y siendo agresivo en la búsqueda de Dios y de sus caminos.

C. RECIBA

Reciba el perdón de Dios por el pecado de haber andado en pasividad. Acepte su ofrenda para el lavamiento de este pecado y ¡declare que está perdonado! Pida y reciba el derramamiento del Espíritu Santo para capacitarle a vivir rechazando la pasividad y abrazando la iniciativa y la pasión por Dios, su gloria, el avance de su reino y la obediencia a Él.

IV. PARA SER LIBRE DE LA PASIVIDAD

Para romper con la pasividad es preciso apartarse del egocentrismo y adentrarse en la abnegación y el abandono a Dios. También es preciso ejercer la fe, así como el poder y la autoridad que Jesús nos ha concedido. Dejamos de lado nuestras buenas intenciones, falta de sobriedad y búsqueda de comodidad para procurar activamente obedecer a Dios. Comenzamos a bendecir, servir y animar a la gente, a hacer la obra y el ministerio de Jesús, y a vencer toda estratagema del enemigo. Afirme las siguientes verdades y declaraciones en su propia vida:

- ❏ Iniciaré conversaciones, actividades, etc. con otros. Acudiré a ellos — no esperaré a que ellos se acerquen a mí.

- ❏ Aunque «no lo sienta», tomaré autoridad sobre patrones de pecado como la autocompasión y el ir de víctima o sentirme perseguido. No consentiré que el pecado permanezca. ¡Ejerceré la autoridad que Cristo me ha concedido!

- ❏ Haré las cosas que sé que debo de hacer, aunque no tenga ganas de hacerlas.

- ❏ Me desviaré de mi camino para bendecir, alentar y servir a las personas.

- ❏ No asumiré el que otra persona se haga cargo de algo. Asumiré la responsabilidad y la acción.

- ❏ No confundiré la pacificación con la pasividad. Reconoceré que la inacción no es paz. Jesús fue un pacificador, pero siempre actuó enérgica y agresivamente (de manera espiritual y práctica) contra el mal, la injusticia y el pecado.

- ❏ Haré que la oración y la lectura de la Biblia sean prioridades diarias en mi vida (no sólo buenas intenciones).

- ❏ Atenderé cumplidamente a los impulsos del Espíritu Santo. No me soltaré del gancho di-ciendo que «fue mi propia imaginación», o «lo haré más tarde…»

- ❏ Cuando el Espíritu Santo me convenza de un pensamiento, palabra, hecho o actitud pecaminosos, me arrepentiré INMEDIATAMENTE y tomaré la dirección opuesta. No toleraré el pecado en mi vida.

- ❏ Cuando el Espíritu Santo me hable y me impulse a compartir una palabra de ánimo, discernimiento, sanidad o esperanza con alguien, ¡lo haré!

- ❏ Cumpliré mis promesas y compromisos. Si digo a alguien que voy a hacer una cosa, ¡la haré!

V. PASAJES DE ESCRITURA A APLICAR

Santiago 4:17 (NVI) *Así que comete pecado todo el que sabe hacer el bien y no lo hace.*

Proverbios 20:4 (NVI) *El perezoso no labra la tierra en otoño; en tiempo de cosecha buscará y no hallará.*

Hebreos 6:11-12 (NVI) *Deseamos, sin embargo, que cada uno de vosotros siga mostrando ese mismo empeño hasta la realización final y completa de su esperanza. No seáis perezosos; más bien, imitad a quienes por su fe y paciencia heredan las promesas.*

Hechos 20:34-35 (NVI) *Vosotros mismos sabéis bien que estas manos se han ocupado de mis propias necesidades y de las de mis compañeros. Con mi ejemplo os he mostrado que es preciso trabajar duro para ayudar a los necesitados, recordando las palabras del Señor Jesús: «Hay más dicha en dar que en recibir.»*

1 Corintios 9:24-25 (NVI) *¿No sabéis que en una carrera todos los corredores compiten, pero sólo uno obtiene el premio? Corred, pues, de tal modo que lo obtengáis. Todos los deportistas se entrenan con mucha disciplina. Ellos lo hacen para obtener un premio que se echa a perder; nosotros en cambio por uno que dura para siempre.*

2 Timoteo 2:6-7 (NVI) *El labrador que trabaja duro tiene derecho a recibir primero parte de la cosecha. Reflexiona en lo que te digo, y el Señor te dará una mayor comprensión de todo esto.*

RECHAZO

Pertenecemos a una sociedad que exalta el éxito y adora a los ganadores. Vivimos en un sistema mundano que escoge a los favoritos y rechaza a los segundones. Aprendemos, casi desde la cuna, que los más populares, los más atractivos y los más dotados están de «moda». Los que no se ajustan a esta descripción (la mayoría de nosotros) quedan «excluidos». Así que, antes incluso de que una acción o actitud concreta se presente, ya tenemos el escenario dispuesto para luchar contra el rechazo.

El rechazo es fundamental para muchas fortalezas, pecados y disfunciones. Esto es así porque el rechazo afecta a toda nuestra personalidad. No sólo viene contra el individuo, sino que actúa contra toda relación: matrimonio, familia, ministerio, trabajo y vida social. Cuando el individuo comienza a abrirse camino en la vida, el escenario del rechazo ya ha sido montado por el sistema mundano, que sabemos que está bajo el control de Satanás, «el acusador de los hermanos» (Apocalipsis 12:10). Anhelamos amor y aceptación, y a cambio recibimos rechazo. Nos acostumbramos a creer las mentiras que se nos suministran tocantes a nuestro valor, importancia y el amor de Dios, nuestro Padre celestial.

No obstante, si estamos en Cristo, no tenemos por qué participar en este sistema mundano. No hemos sido rechazados; hemos sido aceptados (Romanos 15:7). No hay nada que pueda separarnos del amor de nuestro Padre (Romanos 8:38-39). Ya no debemos consentir las mentiras que intentan convencernos de lo contrario. En vez de ello, hemos de confrontar abiertamente esas mentiras, identificar lo que son y de dónde vienen, y destruirlas completamente con la espada del Espíritu, que es la Palabra de Dios.

I. RAÍCES DEL RECHAZO

- ✓ Padres o madres ausentes
- ✓ Falta de lazos con los padres
- ✓ Divorcio de los padres
- ✓ No haber sido querido de niño; «sexo» no deseado

- Adopción.
- Competencia con hermanos y hermanas.
- Varias formas de abuso (físico, emocional, sexual).
- Adicciones de los padres.
- Vergüenza causada por un miembro de la familia
- Peleas o luchas constantes.
- Disciplina injusta.
- Desinterés de los padres en las actividades de un hijo/a.
- Varias formas y grados de descuido/abandono.
- Algún defecto físico o minusvalía.
- Descontento con la propia apariencia o capacidades físicas.
- Infidelidad de un cónyuge.
- Divorcio.
- Ruptura de un compromiso u otra relación importante.
- Pérdida de un empleo apreciado.
- Traición de un amigo íntimo.
- Muerte inesperada y prematura de un ser querido.
- Abuso espiritual, ofensa, o traición en una iglesia
- Prejuicios raciales
- Distinciones de clase

II. FRUTOS DEL RECHAZO

- Hace que las personas se apoyen en sus propios mecanismos de defensa (falsos consuelos), en vez de en la verdad, el poder y la fortaleza del Espíritu Santo de Dios
- Engendra rebelión (el rechazo produce rebelión), actitudes agresivas, lenguaje sucio, obstinación, desafío, refriega y abusos
- Fomenta el orgullo, el egotismo y la arrogancia
- Fomenta el control, la manipulación y la dominación
- Impulsa a rechazar a otros
- Hace que las personas rehúsen el consuelo de otros
- Promueve el endurecimiento, el escepticismo y la incredulidad
- Conduce al autoaborrecimiento (bajo concepto de sí, inferioridad, inseguridad, insuficiencia, tristeza, pena)
- Causa autoacusación y autocondenación
- Promueve la incapacidad o la negativa a comunicarse (resulta difícil tratar asuntos con una persona que sufre rechazo profundo)
- Despierta y alimenta temores, ansiedades, preocupaciones, negativismo y pesimismo
- Engendra depresión y desesperanza
- Provoca pensamientos y actos autodestructivos
- Fomenta un estilo de vida, relaciones y ministerio basados en la realización
- Fomenta excesivamente el éxito, el esfuerzo, la competitividad y el perfeccionismo
- Empuja a las personas al retiro, el aislamiento o la independencia

- ✓ Sustenta la autoprotección, el egocentrismo, el egoísmo, la auto justificación, la egolatría y la autocompasión (note que siempre gira en torno al YO)

- ✓ Alimenta un espíritu crítico, actitudes condenatorias, la envidia, los celos y la codicia

- ✓ Retiene a las personas en la inmadurez emocional

III. RECONOCIMIENTO DEL RECHAZO

Considere en oración las siguientes listas. Pida al Espíritu Santo que le revele cualquier área de rechazo en su vida. Marque todas las casillas que le incumban:

- ❑ Normalmente interpreto las cosas que pueden ser positivas o negativas como negativas.

- ❑ Recibo lo que otros me dicen a través de las lentes del rechazo.

- ❑ Analizo lo que acabo de decir o hacer y, en consecuencia, tengo pensamientos negativos sobre lo que otros piensan de mí.

- ❑ Me resulta difícil lanzarme con libertad y ejerer mis dones espirituales.

- ❑ Suelo intentar «hacer muchas cosas», o ir de actividad en actividad, de empleo en empleo, o de ministerio en ministerio, esforzándome por ganar el favor y la aceptación de Dios y de los demás.

- ❑ Tengo dificultades para aceptar abiertamente la alabanza y el estímulo de otros o para demostrar amor y afecto.

- ❑ No creo a la gente cuando me hacen un cumplido.

- ❑ Tiendo a dudar, cuestionar o desconfiar en la autoridad.

- ❑ Tiendo a ser escéptico e incrédulo ante las declaraciones de amistad o aprecio de otros.

- ❑ La gente podría calificarme de áspero.

- ❑ Me es difícil controlar un lenguaje sucio y abusivo, especialmente cuando estoy enfadado.

- ❑ Cuando se me confronta con algo, mi reacción inmediata es defensiva o incluso desafiante.

- ❑ No comparto mi testimonio, o el Evangelio, con los paganos.

- ❑ Temo que yo, o mis seres queridos, no hayamos sido escogidos por Dios para la salvación.

- ❑ Necesito controlar a mi familia para que estén seguros y tengan éxito, para que así me amen y me aprecien.

- ❑ Soy posesivo en las relaciones.

- ❑ Tengo una baja estima de mi apariencia física, capacidades, y suficiencia para triunfar en la vida y el ministerio.

- ❑ Me inclino a la depresión.

- ❑ Suelo sentir temor y angustia por algunas cosas, por ejemplo, cómo nos ve la gente a mí o a mis hijos, qué fruto dará mi esfuerzo (o el de otros), cómo recibiré provisión y protección, etc.

- ❑ Necesito que se me necesite, de manera que continuamente me pongo en situaciones en las que creo que otros no pueden arreglárselas sin mi ayuda, mi presencia, mis capacidades y mi ministerio.

- ❑ Me inhibo a la hora de compartir honestamente mis sentimientos más profundos con otros, incluso con aquellos más cercanos a mí.

- ❑ Temo que si me muestro vulnerable con mi esposa, mi marido, mi amigo u otros (las personas más cercanas a mí), daré la impresión de que soy débil y perderé mi posición de autoridad y respeto a sus ojos.

- ❑ Temo que si me muestro vulnerable con mi marido, mi esposa, mi amigo u otros (las personas más cercanas a mí), ellos se aprovecharán de mí y abusarán de mi debilidad.

- ❑ Soy al mismo tiempo crítico y envidioso hacia otros que se sienten más seguros, son capaces de expresarse más libremente, o tienen más amistades u oportunidades, en mi opinión, que yo.

- ❑ Soy competitivo y ambicioso. Pienso que si la gente no me ama, al menos me admirará.

- ❑ Hallo consuelo en el aislamiento; otros pueden considerarme un «solitario».

A. FALSO RECHAZO

Los puntos de rechazo antes mencionados tienen su raíz en la realidad; las ofensas que originaron el sentimiento de rechazo sucedieron realmente. Hay dos formas de rechazo que no se basan en la realidad: el rechazo percibido y el rechazo temido. Éstas son dos mentiras puramente demoníacas que convencen a la persona de que el rechazo está presente, o pendiente, cuando no es verdad. Éstas nos pueden paralizar, robarnos el gozo y obligarnos a estar siempre alerta contra lo que otros puedan pensar.

B. RECHAZO PERCIBIDO

- ❑ Pienso que las personas están siempre hablando de mí, pero no es cierto.

- ❑ Creo que hay conspiraciones contra mí, pero no es cierto.

- ❑ Normalmente interpreto cosas que pueden ser positivas o negativas como negativas.

- ❑ Recibo lo que otros me dicen a través de las lentes del rechazo.

C. RECHAZO TEMIDO (SOSPECHADO)

- ❑ A menudo me veo asaltado por pensamientos paralizantes como: «¡No puedo hacer eso!» «¿Qué impresión causaría a (nombre de la persona)?» «¿Qué pensaría (nombre de la persona) si yo me pusiera esto, o hiciera o dijera tal cosa?»
- ❑ Soy incapaz de lanzarme libremente a ejercer mis dones espirituales (ministrar ayuda o misericordia, hablar palabras de exhortación y aliento, etc.).
- ❑ No experimento intimidad con Dios en oración o adoración personal porque creo que Dios me rechazará.
- ❑ Me inhibo en el culto comunitario porque me preocupa lo que otros puedan pensar de mí.
- ❑ Suelo sentir temor y ansiedad por cómo me relaciono con otras personas y ellas conmigo.
- ❑ No brindo consuelo y estímulo a otros, aunque sienta que lo necesitan.
- ❑ No doy pasos de fe y audacia porque temo meter la pata o que la gente no reciba lo que tengo que ofrecer.
- ❑ Corto relaciones antes que las personas tengan ocasión de ofenderme.
- ❑ Temo iniciar una relación de compromiso con alguien del sexo opuesto porque temo la ruptura que sin duda tendrá lugar.

IV. CÓMO ROMPER CON EL RECHAZO

Al orar contra la fortaleza del rechazo, identifique y extienda perdón y bendición a todos sus ofensores, ya sean reales o percibidos como tal. ¡Esto puede retrotraerle hasta su niñez! No crea que puede zanjar este asunto de una sola vez. Pueden requerirse varias sesiones de oración para derribar la fortaleza del rechazo. Acuda a las 4 erres: éstas le ayudarán a orar:

A. ARREPIÉNTASE
Arrepiéntase de las maneras en que el rechazo y el temor al rechazo han marcado su vida, y de sus reacciones o respuestas pecaminosas. Acuda a las listas de las páginas anteriores para reconocerlas y poder confesarlas al Señor.

B. REPRENDA
Reprenda al enemigo por sus mentiras y su influencia. Tome autoridad sobre sus planes para engañarle y mantenerle encerrado y apartado del amor del Padre y de las personas que le rodean.

C. REEMPLACE
Reemplace las mentiras con la verdad, la confian-za y la seguridad en el amor de Dios por usted y su aceptación, Afirme en voz alta las verdades pormenorizadas más abajo. Renueve continuamente su mente dedicando tiempo a la lectura de su Palabra y en su presencia, en oración y adoración, y en comunión con su familia, sus amigos y su familia de la iglesia.

D. RECIBA
Reciba la gracia del perdón de Dios y un nuevo derramamiento de su Espíritu Santo. Pídale que le dé una revelación muy personal de su gran amor por usted. Él se deleita en responder tal oración

V. PARA SER LIBRE DEL RECHAZO

- ✓ Perdone y extienda bendición a las personas que le hayan ofendido o rechazado (real o imaginariamente). Haga lo mismo con las situaciones y ambientes de los que siguen fluyendo heridas y rechazos. Recuerde que Satanás quiere estimular la amargura, el resentimiento y la ira en usted. La negativa a perdonar se convierte en un cáncer que no sólo contamina al que rehúsa hacerlo, sino también a muchos otros que le rodean. Por eso la Biblia trata repetidamente la cuestión del ofrecimiento de perdón.

Mateo 6:12, 14-15 *Perdónanos nuestras deudas, como también nosotros perdonamos a nuestros deudores. Por tanto, si perdonáis a los hombres sus ofensas, os perdonará también a vosotros vuestro Padre celestial; pero si no perdonáis sus ofensas a los hombres, tampoco vuestro Padre os perdonará vuestras ofensas.*

Romanos 12:20-21 *Así que, si tu enemigo tiene hambre, dale de comer; si tiene sed, dale de beber, pues haciendo esto, harás que le arda la cara de vergüenza. No seas vencido de lo malo, sino vence con el bien el mal.*

Efesios 4:31-32; 5:1-2 *Quítense de vosotros toda amargura, enojo, ira, gritería, maledicencia y toda malicia. Antes sed bondadosos unos con otros, misericordiosos, perdonándoos unos a otros, como Dios también os perdonó a vosotros en Cristo. Sed, pues, imitadores de Dios como hijos amados. Y andad en amor, como también Cristo nos amó y se entregó a sí mismo por nosotros, ofrenda y sacrificio a Dios en olor fragante.*

- ✓ Tenga confianza en el gran, incondicional e infinito amor de Dios por usted. ¡Dios no cometió ningún error cuando le creó! Su gran amor quedó demostrado con la muerte de Jesús en la cruz y con su continua fidelidad y devoción por usted. Desmonte y derribe las fortalezas y mentiras demoníacas del rechazo, sustituyéndolas con la verdad del gran amor de Dios por usted.

1 Juan 3:1 *Mirad cuál amor nos ha dado el Padre, para que seamos llamados hijos de Dios; por esto el mundo no nos conoce, porque no lo conoció a él.*

- ✓ Viva en estas verdades. Esto significa ¡actuar por fe, no según los sentimientos! Significará comportarse amorosa y confiadamente, aunque uno tema ser rechazado por: padres, amigos, hijos, compañeros de trabajo, vecinos y la familia de la iglesia. Significará perdonar y seguir adelante, aunque la gente nos rechace. Puede incluir hacer y poner en práctica las siguientes afirmaciones:

- ☐ Me sumergiré en la verdad de la Palabra de Dios sobre quién soy realmente: cuánto Él me ama, me acepta y me demuestra su fidelidad. No aceptaré las mentiras del enemigo, quizás plantadas en mi mente y reforzadas desde la niñez, de que no soy amado, aceptado, digno y sí rechazado.

- ☐ Trataré a otras personas conforme a la verdad de la Palabra de Dios, no apoyado en mis propios temores, heridas e inseguridades. Perdonaré, extenderé bendición, amaré y aceptaré incondicionalmente a otros.

  - ☐ Ofreceré ánimo, bendición y afecto a otros.

  - ☐ Expresaré mis pensamientos y sentimientos honestamente a otros, sin temor al rechazo.

  - ☐ Ya no recurriré a la rebelión para expresar mi ira por sentirme rechazado.

- ❏ Ya no «haré cosas» para otros, para que me amen y me acepten. Ministraré con mis dones espirituales según la dirección y el poder del Espíritu Santo.

- ❏ No temeré sentirme débil y vulnerable frente a mi cónyuge. Confiaré en la ayuda de Dios.

- ❏ No criticaré a los que creo que me han rechazado, ni a los que estimo que andan en mayor libertad, aceptación o confianza que yo.

- ❏ Formaré actitudes, emprenderé acciones y hablaré palabras que consuelen y animen a otros.

- ❏ No procuraré consuelo en la autocompasión o el aislamiento.

- ❏ Seré yo mismo, disfrutaré y me sentiré más cómodo con la manera en que Dios me ha creado.

- ❏ Compartiré mi fe en Jesucristo siempre, y con cualquiera que el Espíritu Santo me dé oportunidad.

VI. PASAJES BÍBLICOS PARA APLICAR

Salmo 13:1, 5-6 *¿Hasta cuándo, Jehová me olvidarás para siempre? ¿Hasta cuándo esconderás tu rostro de mí? Mas yo en tu misericordia he confiado; mi corazón se alegrará en tu salvación. Cantaré a Jehová porque me ha hecho bien.*

Salmo 27:1, 10 *Jehová es mi luz y mi salvación, ¿de quién temeré? Jehová es la fortaleza de mi vida, ¿de quién he de atemorizarme? Aunque mi padre y mi madre me dejen, con todo, Jehová me recogerá.*

Salmo 66:20 *¡Bendito sea Dios, que no echó de sí mi oración ni de mí su misericordia!*

Isaías 41:9-10 *Porque te tomé de los confines de la tierra, de tierras lejanas te llamé y te dije: «Mi siervo eres tú; te escogí y no te deseché. No temas, porque yo estoy contigo; no desmayes, porque yo soy tu Dios que te esfuerzo; siempre te ayudaré, siempre te sustentaré con la diestra de mi justicia.*

Isaías 54:10 *Porque los montes se moverán y los collados temblarán, pero no se apartará de ti mi misericordia ni el pacto de mi paz se romperá», dice Jehová, el que tiene misericordia de ti.*

Romanos 5:8 *Pero Dios muestra su amor para con nosotros, en que siendo aún pecadores, Cristo murió por nosotros.*

Romanos 8:38-39 *Por lo cual estoy seguro de que ni la muerte ni la vida, ni ángeles ni principados ni potestades, ni lo presente ni lo por venir, ni lo alto ni lo profundo, ni ninguna otra cosa creada nos podrá separar del amor de Dios, que es en Cristo Jesús, Señor nuestro.*

Efesios 3:17-19 *(Doblo mis rodillas) para que habite Cristo por la fe en vuestros corazones, a fin de que, arraigados y cimentados en amor, seáis plenamente capaces de comprender con todos los santos cuál sea la anchura, la longitud, la profundidad y la altura, y de conocer el amor de Cristo, que excede a todo conocimiento, para que seáis llenos de toda la plenitud de Dios.*

VERGÜENZA Y DESESPERANZA

La vergüenza nos empuja a retrotraernos en todas las esferas de la vida. A su sombra, tendemos a formar relaciones superficiales y a levantar defensas. No nos movemos audaz y confiadamente en el poder y la autoridad que nos pertenece en Jesucristo. En vez de ello, tememos que alguien descubra cuán sucios o inadecuados somos realmente (es decir, creemos que somos). La vergüenza es como un peso invisible que arrastramos a lo largo de la vida.

Esto no es designio de Dios para la vida de sus hijos. Su Palabra anuncia: «Quien en ti pone su esperanza jamás será avergonzado» (Salmo 25:3). Él quiere que le llevemos nuestras cargas de vergüenza y le permitamos levantarlas. Pero en tanto nuestros pecados y nuestra vergüenza permanecen ocultos, forman parte del reino de Satanás. Él tiene jurisdicción sobre ellos —un derecho legal, por así decirlo—. Cuando confesamos nuestros pecados y los exponemos a la luz, quebramos el asidero que Satanás tiene sobre ellos. Somos perdonados. Limpios. Restaurados. Justificados. ¡Libres!

1 Juan 1:9 (NVI) *Si confesamos nuestros pecados, Dios, que es fiel y justo, nos los perdonará y nos limpiará de toda maldad.*

Isaías 61:10 (NVI) *Me deleito mucho en el SEÑOR; me regocijo en mi Dios. Porque él me vistió con ropas de salvación y me cubrió con el manto de la justicia. Soy semejante a un novio que luce su diadema, o una novia adornada con sus joyas.*

La desesperanza suele estar relacionada con la vergüenza. La desesperanza nos hace sentir como si el dolor, la tristeza, el desánimo y la condenación que sentimos nunca se retirarán. Desistimos en la espera de la felicidad. Desistimos en la espera de una verdadera y duradera libertad. También esto es una mentira del enemigo.

I. CÓMO RECONOCER LA VERGÜENZA Y LA DESESPERANZA

Definición de vergüenza: emoción dolorosa de culpabilidad debida a una conducta inapropiada; asociada a los actos cometidos por una persona, así como a los abusos cometidos contra una persona; normalmente se arrastra como reacción a algo escondido o mantenido en secreto. Términos relacionados: deshonra o descrédito; sentimiento profundo de turbación.

Definición de desesperanza: no ver posibilidad de resolver o de vencer; no tener expectativa de un resultado favorable; desesperación; desaliento.

- ✓ La vergüenza y la desesperanza se suelen describir como un pesado equipaje que alguien se siente obligado a acarrear durante toda su vida.
- ✓ La vergüenza y la desesperanza no son de Dios.

Salmo 25:3 *Ciertamente, ninguno de cuantos esperan en ti será confundido.*

Salmo 43:5 *¿Por qué te abates, alma mía, y por qué te turbas dentro de mí? Espera en Dios, porque aún he de alabarlo, ¡salvación mía y Dios mío!*

- ✓ La vergüenza es consecuencia del pecado.

Proverbios 13:18 *Pobreza y vergüenza tendrá el que menosprecia el consejo.*

Jeremías 8:9 *Los sabios se avergonzaron, se espantaron y fueron consternados; aborrecieron la palabra de Jehová.*

Romanos 5:5 *Y la esperanza no nos defrauda, porque el amor de Dios ha sido derramado en nuestros corazones por el Espíritu Santo que nos fue dado.*

A. VERGÜENZA

La vergüenza impulsa a desarrollar relaciones huecas y defensivas.

- ☐ Temo lo que otros puedan descubrir acerca de este pecado.
- ☐ Tengo problemas para formar relaciones de confianza porque me guardo de profundizar «en lo personal» con otros.
- ☐ Temo mucho que otros «vean» la fealdad de mi pecado; esto hace que tema acercarme a los demás, incluso a Dios.
- ☐ Vivo en constante temor de que otros me rechacen si este pecado mío se descubriese.

La vergüenza origina una batalla continua contra la autocondenación.

- ☐ Tengo problemas con la inferioridad.
- ☐ Tiendo a pensar negativamente de mí mismo, y lucho continuamente contra pensamientos negativos sobre mi persona.

- ☐ Cuando me comparo con otros, casi siempre «pierdo» en la comparación.
- ☐ Me flagelo continuamente por causa de mi pecado.
- ☐ Intento compensar estos pensamientos condenatorios obligándome a triunfar en otras áreas (trabajo, estudios, atletismo, etc.). Haciendo esto espero de algún modo poder refutar los pensamientos condenatorios, pero parece que nunca consigo progreso alguno.

La vergüenza engendra sentimientos profundos de culpa y de indignidad; esto, a su vez, conduce al autorechazo.

- ☐ Me siento sucio, arruinado, o como un «producto deteriorado».
- ☐ Tengo problemas para cultivar una intimidad con Dios porque me siento muy lejos de Él.
- ☐ Me resulta imposible perdonarme a mí mismo.
- ☐ Siento que nunca podría casarme con un hombre o una mujer piadoso/a porque él/ella podría descubrir este pecado y rechazarme.
- ☐ No creo que pueda liderar a otros porque este pecado me hace indigno.
- ☐ Me aborrezco. No culpo a otros por no querer procurar mi amistad; de todos modos, no merezco su amistad.

La vergüenza acarrea recordatorios constantes de este pecado.

- ☐ ¡No puedo dejar de pensar en esto!
- ☐ Lucho constantemente contra recuerdos inquietantes de experiencias vergonzosas.
- ☐ Tengo sueños y visiones inquietantes acerca de este pecado.

La vergüenza roba el gozo del perdón e impide la curación de Dios.

- ☐ No creo que se me pueda perdonar este pecado.
- ☐ Es difícil para mí creer que Dios pueda perdonarme esto.
- ☐ No puedo contar esto a nadie, ni siquiera a Dios, porque es muy vergonzoso.

La vergüenza nos engaña.

- ☐ Nadie ha cometido nunca un pecado tan grave como éste.
- ☐ He hecho lo peor que se puede hacer.
- ☐ No puedo confesar a nadie este pecado porque me rechazarían.
- ☐ Nunca estaré limpio.
- ☐ Nunca seré capaz de mantener relaciones profundas con otros porque he de asegurarme que no se descubra la realidad de este pecado.
- ☐ Soy un «artículo deteriorado».
- ☐ No merezco ser un buen cónyuge.
- ☐ Soy indigno.
- ☐ No puedo dirigir a otros.

Nota: La vergüenza mantendrá un asidero sobre nosotros en tanto en cuanto temamos nombrar específicamente los pecados que la provocaron. «Por eso, confesaos unos a otros vuestros pecados, y orad unos por otros, para que seáis sanados. La oración del justo es poderosa y eficaz» (Santiago 5:16, NVI). Antes de proceder a través de las 4 erres, confiese cada área a una persona. No retenga nada. En general, los hombres deben confesarse con los hombres y las mujeres con las mujeres. Dado que el autoaborrecimiento suele ser parte de la vergüenza, pida a Dios perdón por este pecado. Cuando haya dado estos pasos, proceda con las 4 erres.

B. DESESPERANZA

La pasividad añade peso a la desesperanza.

- ❏ Me resulta difícil pasar tiempo con el Señor.
- ❏ Todo el día me está dando vueltas en la cabeza el mismo pensamiento: «De todos modos, ¿de qué me sirve?»
- ❏ No inicio conversaciones con amigos, familiares o compañeros de trabajo.
- ❏ Espero que otros se me acerquen y me encuentren donde estoy.
- ❏ No creo que se me necesite, así que doy de lado a personas o proyectos.
- ❏ No confieso el pecado en mi vida porque no creo que sirva para nada.
- ❏ Tengo poca pasión por las cosas de Dios (evangelización, oración, ministerio, su Palabra).
- ❏ «Permito» que ocurran muchas cosas en mi vida.
- ❏ Para mí, la idea de la esperanza es casi imposible.
- ❏ Me falta motivación para orar o leer la Palabra de Dios.
- ❏ En realidad, me falta motivación en la mayoría de cosas que hago en la vida o que tienen que ver con el Señor.
- ❏ Siento que el pecado siempre me va a dominar, así que no tiene sentido intentar vencerlo.

La autocompasión y la introspección constituyen el núcleo de la desesperanza.

- ❏ Descubro que la mayor parte de mis pensamientos giran en torno a mí mismo y a lo que yo puedo y no puedo hacer.
- ❏ Mucha gente que conozco lucha contra la autocompasión.
- ❏ Para ser honesto, no tengo muchos amigos íntimos.
- ❏ Espero grandes cosas de otras personas.

El ir de víctima y la inferioridad se dan la mano con la desesperanza.

- ❏ No puedo hacer nada acerca de mi situación porque parece que siempre estoy a expensas de otras personas.
- ❏ Siento que mi persona está «encerrada» por culpa de lo que otros me han hecho.
- ❏ No me gusta compartir amigos con otros, porque creo que los que sean mejores que yo, o tengan más que yo me los robarán.
- ❏ Creo que protejo y soy tacaño con mis posesiones y relaciones por temor de que alguien me las robe.

- ❏ No siento libertad de compartir en grupo porque mis ideas y comentarios podrían ser ignorados o descartados.
- ❏ Soy incapaz de lanzarme con confianza o fe para roturar terreno nuevo.
- ❏ Rara vez me siento muy seguro de mí mismo.
- ❏ Prefiero apostar por lo «seguro» antes que arriesgar los pocos recursos (o confianza) que tengo.
- ❏ Me ofendo cuando el Señor exalta a otros porque siento que la vida no ha sido justa conmigo.
- ❏ Vivo pasivamente. Siempre es otro quien lleva a cabo las cosas o lidera.

La falta de gratitud abre huecos por donde penetra la desesperanza.

- ❏ Me resulta difícil pensar en cosas por las que dar las gracias a Dios.
- ❏ No puedo recordar la última vez que realmente di las gracias a Dios por toda su provisión en mi vida.
- ❏ Me atasco cuando intento orar y dar gracias a Dios.
- ❏ ¿Por qué habría de dar las gracias si tengo poco o nada en que esperar?
- ❏ A veces me pregunto si alguna vez lograré escapar de este círculo de desesperanza.

II. CÓMO ROMPER CON LA VERGÜENZA Y LA DESESPERANZA

A. ARREPIÉNTASE

Señor Jesús, te pido perdón por los pecados de la vergüenza y/o la desesperanza. Me arrepiento de todas las formas en que he permitido que estos pecados sean parte de mi vida. Veo cómo me ha afectado a mí y a los que me rodean. Los llamo pecado. ¡La vergüenza y la desesperanza no proceden de ti! (Repase las casillas que haya marcado y pida a Dios que le perdone en cada área.)

B. REPRENDA

Señor, renuncio a vivir y andar por los caminos de la vergüenza y la desesperanza. Ese no soy yo y no te representa. Reprendo a todo espíritu maligno por atacarme con pensamientos de vergüenza, deshonor e indignidad. Reprendo a todo espíritu de desesperanza que ha intentado separarme del amor y la vida de mi Padre celestial. Vengo contra ellos en la autoridad de Jesucristo, y ¡les ordeno que huyan ahora mismo! Son mentirosos, ¡ya no les escucharé, ni sus mentiras sobre mí! Conforme a la Palabra de Dios, les pongo bajo mis pies y aplasto la influencia que hayan tenido en mi vida.

C. REEMPLACE

Reemplazo una vida de vergüenza por la aceptación y el reconocimiento de ser verdadera y plenamente un hijo de Dios. Sustituyo la desesperanza por una vida de gozo, paz, coraje, audacia, fortaleza, autoridad y amor, que dará motivo al mundo para pedirme razón de la esperanza que mora en mí. Viviré en la verdad, el coraje, la audacia y la confianza que pertenecen por derecho a los hijos de Dios.

D. RECIBA

Señor Jesús, te pido y recibo ahora por fe que me llenes de tu Espíritu Santo para vivir una vida sobrenatural libre de la vergüenza y la desesperanza. Andaré en la esperanza, la confianza, el poder y la autoridad a los que tengo derecho como hijo del Rey de reyes. ¡Soy acepto y un testimonio vivo del amor, la gracia y la gloria de Dios!

III. PARA SER LIBRE DE LA VERGÜENZA Y LA DESESPERANZA

Parte de la libertad verdadera en Cristo y del andar en auténtica pureza y santidad depende de la renovación de la mente por la Palabra y el Espíritu Santo de Dios. Acuda a los recursos facilitados al final de este manual. Abundan en versículos que declaran el amor y el perdón de Dios y su verdadera identidad en Cristo. Recurra a la verdad de la Palabra de Dios y a la autoridad que usted tiene en Cristo para combatir y renunciar a las mentiras del enemigo cuando regresen para atormentar sus pensamientos. Medite en las promesas de Dios acerca del perfecto perdón. Esto arrancará las mentiras que le acusan de ser «inmundo» y será una fuente de consuelo así como un recordatorio de su verdadera posición delante de Dios. No permita que viejos vídeos mentales, palabras ajenas, y pensamientos de indignidad o de culpa le definan. ¡Estos no son usted!

Luego tendrá que tomar algunas decisiones. El ir en pos de un estilo de vida de pureza y santidad es una ocupación de por vida; no sólo incluye la conducta. Implica lo que pensamos, lo que hablamos y lo que nos ponemos. Estas elecciones deben hacerse, no obstante, no con un corazón legalista, sino más bien con un corazón restaurado y lleno del Espíritu de Dios.

IV. PASAJES BÍBLICOS A APLICAR

Salmo 33:18 (NVI) *Pero el SEÑOR cuida de los que le temen, de los que esperan en su gran amor.*

Salmo 119:114 *Mi escondedero y mi escudo eres tú. En tu palabra he esperado.*

Isaías 40:31 *Mas los que esperan en Jehová tendrán nuevas fuerzas, levantarán alas como las águilas, correrán y no se cansarán, caminarán y no se fatigarán.*

Joel 2:26 *Comeréis hasta saciaros, y alabaréis el nombre de Jehová, vuestro Dios, el cual hizo maravillas con vosotros; y nunca jamás será mi pueblo avergonzado.*

Romanos 8:1 *Ahora, pues, ninguna condenación hay para los que están en Cristo Jesús, los que no andan conforme a la carne, sino conforme al Espíritu.*

Romanos 15:13 *Y el Dios de la esperanza os llene de todo gozo y paz en la fe, para que abundéis en esperanza por el poder del Espíritu Santo.*

Efesios 2:10 *Pues somos hechura suya, creados en Cristo Jesús para buenas obras, las cuales Dios preparó de antemano para que anduviéramos en ellas.*

EL DERECHO DE PRIMOGENITURA DEL CRISTIANO

Yo soy la luz del mundo, y las tinieblas no pueden apagarla. **Mateo 5:14**

Vivo en la autoridad de Cristo, que me da poder sobre todo el poder del enemigo. **Lucas 10:17-20**

Soy parte de la verdadera vid, un canal de la vida y energía de Cristo. **Juan 15:1, 5**

No estoy condenado; se me declara totalmente perdonado y justo en Cristo. **Romanos 8:1**

Soy coheredero con Cristo y comparto con Él su herencia. **Romanos 8:17**

Estoy seguro en el amor de Cristo por mí. **Romanos 8:35-39**

Soy un conquistador aplastante en Cristo contra todo lo que se levante contra mí. **Romanos 8:37-39**

Soy un templo —una morada de Dios—. Su Espíritu y su vida moran en mí. **1 Corintios 3:16; 6:19**

Estoy unido al Señor y soy uno en espíritu con Él. **1 Corintios 6:17**

Soy un miembro del cuerpo de Cristo. **1 Corintios 12:27; Efesios 5:30**

Soy una nueva creación en Cristo, las cosas viejas están pasando. **2 Corintios 5:17**

Estoy reconciliado con Dios y soy un ministro de la reconciliación de Dios con otros. **2 Corintios 5:18-19**

Soy justo con la justicia de Dios. **2 Corintios 5:21**

Soy un hijo de Dios y uno en Cristo. **Gálatas 3:26, 28**

Soy un hijo de Dios, mi Padre celestial, quien me ama personal, íntima e infinitamente. **Gálatas 4:6**

Por ser hijo de Dios, soy su heredero. **Gálatas 4:6-7**

Soy santo. **Efesios 1:1; 1 Corintios 1:2; Filipenses 1:1; Colosenses 1:2**

Estoy sentado en la esfera celestial con Cristo y toda su autoridad sobre el reino de Satanás. **Efesios 1:19-23; 2:5-6**

Soy hechura de Dios, su creación maestra, nacido de nuevo en Cristo para hacer sus obras. **Efesios 2:10**

Soy conciudadano de la familia de Dios. **Efesios 2:19**

Soy la luz de Dios y expongo las tinieblas por la vida de Cristo en mí. **Efesios 2:19**

Soy un guerrero contra Satanás; estoy plenamente dotado para avanzar triunfante en Cristo. **Efesios 6:10-20**

Estoy escondido con Cristo en Dios; Satanás tiene que pasar por Cristo para llegar a mí. **Colosenses 3:3**

Soy una expresión de la vida de Cristo porque Él es mi vida. **Colosenses 3:4**

Soy escogido de Dios, santo y muy amado, y, por tanto, celosamente protegido. **Colosenses 3:12; 1 Tesalonicenses 1:4**

Soy participante santo del llamamiento celestial. **Hebreos 3:1**

Soy participante de Cristo; comparto su vida. **Hebreos 3:14**

Soy una piedra viva de Dios, edificado en Cristo como casa espiritual. **1 Pedro 2:5**

Soy miembro de un linaje escogido, real sacerdocio, nación santa, pueblo escogido por Dios. **1 Pedro 2:9-10**

Soy extranjero y peregrino en este mundo, donde vivo temporalmente. **1 Pedro 2:11**

Soy enemigo del diablo. **1 Pedro 5:8**

Soy un hijo de Dios y seré semejante a Cristo cuando Él vuelva. **1 Juan 3:1-2**

Soy nacido de Dios, y el maligno —el diablo— tiene que pasar antes por Dios para tocarme. **1 Juan 5:18**

EL AMOR Y EL PERDÓN DE DIOS

Aclamad a Jehová, porque él es bueno; porque su misericordia es eterna. **1 Crónicas 16:34**

Muchas son las calamidades de los malvados, pero el gran amor del SEÑOR envuelve a los que en él confían. **Salmo 32:10 (NVI)**

Pues tu amor es tan grande que llega a los cielos; ¡tu verdad llega hasta el firmamento! **Salmo 57:10 (NVI)**

Porque grande es tu amor por mí: me has librado de caer en el sepulcro. **Salmo 86:13 (NVI)**

Pero el amor del SEÑOR es eterno y siempre está con los que le temen; su justicia está con los hijos de sus hijos. **Salmo 103:17 (NVI)**

¡Aleluya! ¡Alabado sea el SEÑOR! Dad gracias al SEÑOR, porque él es bueno; su gran amor perdura para siempre. **Salmo 106:1 (NVI)**

Dad gracias al SEÑOR, porque él es bueno; su gran amor perdura para siempre…¡Que den gracias al SEÑOR por su gran amor, por sus maravillas a favor de los hombres!. . .Quien sea sabio, que considere estas cosas y entienda bien el gran amor del SEÑOR. **Salmo 107:1, 8, 43 (NVI)**

¡Alabad al SEÑOR, naciones todas! ¡Pueblos todos, cantadle alabanzas! ¡Grande es su amor por nosotros! ¡La fidelidad del SEÑOR es eterna! ¡Aleluya! ¡Alabado sea el SEÑOR! **Salmo 117:1,2 (NVI)**

El SEÑOR es clemente y compasivo, lento para la ira y grande en amor. **Salmo 145:8 (NVI)**

Sin duda, fue para mi bien pasar por tal angustia. Con tu amor me guardaste de la fosa destructora, y le diste la espalda a mis pecados. **Isaías 38:17 (NVI)**

Hace mucho tiempo se me apareció el SEÑOR y me dijo: «Con amor eterno te he amado»; por eso te sigo con fidelidad. **Jeremías 31:3 (NVI)**

Rasgaos el corazón y no las vestiduras. Volveos al SEÑOR vuestro Dios, porque él es bondadoso y compasivo, lento para la ira y lleno de amor, cambia de parecer y no castiga. **Joel 2:13 (NVI)**

Porque el SEÑOR tu Dios está en medio de ti como guerrero victorioso. Se deleitará en ti con gozo, te renovará con su amor, se alegrará por ti con cantos. **Sofonías 3:17 (NVI)**

Porque tanto amó Dios al mundo, que dio a su Hijo unigénito, para que todo el que cree en él no se pierda, sino que tenga vida eterna **Juan 3:16 (NVI).**

Pues estoy convencido de que ni la muerte ni la vida, ni los ángeles ni los demonios, ni lo presente ni lo porvenir, ni los poderes, ni lo alto ni lo profundo, ni cosa alguna en toda la creación, podrá apartarnos del amor de Dios que nos ha manifestado en Cristo Jesús nuestro Señor. **Romanos 8:38-39 (NVI)**

Pero Dios, que es rico en misericordia, por su gran amor por nosotros, nos dio vida con Cristo, aun cuando estábamos muertos en pecados. ¡Por gracia habéis sido salvados!. **Efesios 2:4-5 (NVI)**

¡Fijaos qué gran amor nos ha dado el Padre, que se nos llama hijos de Dios! ¡Y lo somos! El mundo no nos conoce, precisamente porque no lo conoció a él. **1 Juan 3:1 (NVI)**

Se negaron a escucharte; no se acordaron de las maravillas que hiciste por ellos. Fue tanta su terquedad y rebeldía que hasta se nombraron un jefe para que los hiciera volver a la esclavitud de Egipto. Pero tú no los abandonaste porque eres Dios perdonador, clemente y compasivo, lento para la ira y grande en amor... **Nehemías 9:17 (NVI)**

Alaba alma mía al Señor; alabe todo mi ser su santo nombre. Alaba alma mía al SEÑOR, y no olvides ninguno de sus beneficios. Él perdona todos tus pecados y sana todas tus dolencias. **Salmo 103:1-3 (NVI)**

El SEÑOR es clemente y compasivo, lento para la ira y grande en amor. No nos trata conforme a nuestros pecados ni nos paga según nuestras maldades. Tan grande es su amor por los que le temen como alto es el cielo sobre la tierra;...Él conoce nuestra condición; sabe que somos de barro. **Salmo 103: 8, 10, 11, 14 (NVI)**

El gran amor del SEÑOR nunca se acaba, y su compasión jamás se agota. **Lamentaciones 3:22 (NVI)**

PARA ANDAR EN EL ESPÍRITU OPUESTO

En vez de ira:
- No dejo que la ira se adueñe de mí; Pienso en ello y guardo silencio. **(Salmo 4:4)**
- No dejo que el sol se ponga sobre mi enojo. **(Efesios 4:26)**
- Soporto los problemas con oración y paciencia. **(Romanos 12:12)**
- No devuelvo mal por mal, sino que soy paciente y hago bien a todos. **(1 Tesalonicenses 5:14)**
- Sigo mostrando profundo amor por otros, ya que el amor cubre multitud de pecados. **(1 Pedro 4:8)**
- El amor de Cristo me controla en todo lo que hago. **(2 Corintios 5:14)**

En vez de controlar:
- Confío en el Señor con todo mi corazón y no me apoyo en mi propio entendimiento. **(Proverbios 3:5)**
- No controlo a otros, sino que les considero superiores a mí. **(Filipenses 2:3)**
- Soy amable y muestro verdadera humildad para con todos. **(Tito 3:2)**
- Me visto con compasión, amabilidad, humildad y gentileza. **(Colosenses 3:12)**
- Vivo de una manera respetuosa y sometido a otros. **(1 Pedro 2:13-14)**
- Soy el siervo de los demás. **(Lucas 14:43)**
- Nunca tendré falta de nada porque sé que el Señor es mi pastor. **(Salmo 23:1)**

En vez de competir con otros:
- Soy un siervo de Cristo. **(Mateo 23:11)**
- En humildad, estimo a los demás como superiores a mí mismo. **(Filipenses 2:3)**
- Procuro el bien de los demás. **(Filipenses 2:4)**
- Soy siervo de todos. **(Mateo 23:11)**
- Hago bien a todos. **(Gálatas 6:10)**
- Animo a los demás y amo a mis hermanos y hermanas en Cristo. **(1 Tesalonicenses 5:14)**

En vez de criticar a otros:
- Hablo de una manera que ayuda a los demás. **(Job 16:4-5)**
- No juzgo ni condeno a otros, sino que les perdono. **(Mateo 7:1-2; Lucas 6:37)**
- Soporto las faltas de los débiles y procuro no agradarme a mí mismo. **(Romanos 15:1)**
- Llevo las cargas de otros sin compararme con ellos. **(Gálatas 6:1)**
- Me visto de amor y perdono todos los agravios que me puedan hacer. **(Closenses 3:13-14)**
- Soy misericordioso, hablo y actúo sin emitir juicios. **(Santiago 2:12-13)**
- No hablo contra mi vecino, no le difamo ni le juzgo. **(Santiago 4:11-12)**
- Cubro todas las ofensas con amor. **(Proverbios 17:9)**

En vez de ser temeroso:

- No temo cuando llega el calor de la prueba; mi confianza está puesta en el Señor. **(Jeremías 17:7-8)**
- Estoy a salvo porque mi confianza es el Señor y no temeré al hombre. **(Proverbios 29:25)**
- He recibido un espíritu de poder, amor y dominio propio, no de temor. **(2 Timoteo 1:7)**
- No temo al castigo porque el amor perfecto echa fuera el temor. **(1 Juan 4:18)**
- No tengo temor en mi corazón porque el Señor me protege del peligro. **(Salmo 27:1-3)**
- No temo cuando me acuesto porque mi sueño será apacible. **(Proverbios 3:24)**
- No temo malas noticias; mi corazón está firme, confiado en el Señor. **(Salmo 112:7)**
- No temo porque Tú estás conmigo. **(Salmo 23:4)**
- No temo nada excepto al Señor. Él me guardará a salvo. **(Isaías 8:13)**
- Ya no soy esclavo del temor a la muerte, porque Él me librará. **(Hebreos 2:14-15)**

En vez de sentirme desesperado:

- Pongo mi esperanza en tu palabra, porque Tú eres mi refugio y mi escudo. **(Salmo 119:114)**
- Pongo mi esperanza en tu amor indefectible, y sé que tus ojos están sobre mí. **(Salmo 33:18)**
- Creo que te deleitas en mí porque yo pongo mi esperanza en tu amor inmutable. **(Salmo 147:11)**
- Lo sé porque espero en ti; tú renovarás mis fuerzas; levantaré alas como las águilas; correré y no me cansaré; caminaré y no me fatigaré. **(Isaías 40:31)**
- Espero en el Señor, y Él no me decepciona. **(Isaías 49:23)**
- No me avergonzaré porque Dios derrama su amor en mi corazón. **(Romanos 5:5)**
- Sé que Dios me da esperanza, preserva mi alegría y me llena de paz. **(Romanos 15:13)**
- Desbordaré de esperanza mediante el poder del Espíritu Santo. **(Romanos 15:13)**
- Dado que tengo tal esperanza, soy muy audaz. **(2 Corintios 3:12)**

En vez de inferioridad:

- No codiciaré lo que otros tienen. **(Éxodo 20:17)**
- ¡He sido escogido por Dios para hacer las buenas obras que Él ha preparado para mí! **(Efesios 2:10)**
- Soy fuerte y no tengo temor, pues mi Dios vendrá. **(Isaías 35:4)**
- Soy la sal de la tierra y la luz del mundo. **(Mateo 5:13-14)**
- Soy un testigo de Cristo fortalecido por su Espíritu. **(Hechos 1:8)**
- Soy hechura de Dios. **(Efesios 2:10)**
- Soy muy favorecido de Dios, y Él está conmigo. **(Lucas 1:28)**
- Soy un guerrero poderoso, y el Señor está conmigo. **(Jueces 6:12)**
- Confío en el amor incondicional de Dios por mí. **(1 Juan 3:1)**
- He recibido un espíritu de poder, amor y dominio propio, no de temor. **(2 Timoteo 1:7)**

Copyright © 2024 per SycPub Global, LLC. Todos los derechos reservados.

En vez de inseguridad:

→ Estoy seguro porque nada me separará del amor de Cristo. **(Romanos 8:38)**
→ Estoy completo en Cristo. **(Colosenses 2:10)**
→ He sido escogido y puesto por Dios para llevar fruto. **(Juan 15:16)**
→ Puedo acercarme a Dios con libertad y confianza. **(Efesios 3:12)**
→ El reino de Dios está dentro de mí. **(Lucas 17: 20-21)**
→ Él dirige mi senda cuando le busco. **(Proverbios 3:5-6)**
→ Soy una creación admirable y maravillosa. **(Salmo 139:10)**
→ Estoy libre de condenación. **(Romanos 8:1-2)**
→ Soy hechura de Dios, creado para hacer buenas obras. **(Efesios 2:10)**
→ No puedo ser separado del amor de Dios. **(Romanos 8:35-39)**

En vez de celos y envidia:

→ Estoy completo en Cristo. **(Colosenses 2:10)**
→ Tengo la seguridad de que todas las cosas me ayudan a bien. **(Romanos 8:28)**
→ He sido escogido y puesto por Dios para llevar fruto. **(Juan 15:16)**
→ Soy templo de Dios. **(1 Corintios 3:16)**
→ Soy hechura de Dios, creado para hacer buenas obras. **(Efesios 2:10)**
→ El Señor es mi pastor; nada me faltará. Unge mi cabeza con aceite, mi copa está rebosando.
→ Ciertamente el bien y la misericordia me seguirán todos los días de mi vida. **(Salmo 23:1, 5-6)**
→ Estoy satisfecho —me siento pleno—, estoy lleno de gozo y soy libre.

En vez de pasividad:

→ Ando en pos del Señor mi Dios y le temo, guardo sus mandamientos y obedezco su voz. Le serviré y le seguiré. **(Deuteronomio 13:4)**
→ Soy diligente hasta el fin y no perezoso. **(Proverbios 10:4)**
→ Trabajo duro y muestro mi amor por Dios amando y cuidando de otros. **(Hebreos 6:10-11)**
→ He sido escogido y puesto para llevar fruto. **(Juan 15:16)**
→ Soy colaborador de Dios. **(2 Corintios 6:1)**
→ Puedo hacer todas las cosas a través de aquél que me fortalece. **(Filipenses 4:13)**
→ No he recibido un espíritu de cobardía, sino de poder, amor y dominio propio. **(2 Timoteo 1:7)**
→ No soy perezoso, sino que imito a los que por la fe y la paciencia heredan las promesas. **(Hebreos 6:11-12)**

En vez de orgullo y arrogancia:

- Aborrezco el orgullo y la arrogancia, la mala conducta y la conversación perversa. **(Proverbios 8:13)**
- Soy sabio para recibir consejo de otros porque el orgullo sólo engendra contiendas. **(Proverbios 13:10)**
- Escojo andar en humildad y dejo que sea Dios el que exalte. **(Lucas 4:11)**
- Soy el siervo de otros. **(Lucas 14:43)**
- No me jacto de mí mismo, mas mi aprobación viene del Señor. **(2 Corintios 10:10)**
- Amo a los demás. No me jacto; no soy orgulloso ni egoísta. **(2 Corintios 13:4-5)**
- Me he humillado bajo la poderosa mano de Dios, y Él me exaltará. **(1 Pedro 5:6)**
- No soy egoísta, sino que considero a los demás como superiores a mí. **(Filipenses 2:3)**
- No vivo para causar buena impresión en otros. **(Filipenses 2:3)**
- No busco mi propio interés sino el de los demás. **(Filipenses 2:4)**
- Me visto de compasión, amabilidad, humildad y gentileza. **(Colosenses 3:12)**
- Soy amable y muestro verdadera humildad a todo el mundo. **(Tito 3:2)**

En vez de rebelión:

- Soy obediente a la verdad de Dios y, por tanto, amado por Él. **(Juan 14:21)**
- Me propongo no hacer nada sin consultar con el Padre. **(Juan 5:30)**
- Busco su voluntad y no la mía en todas las cosas. **(Mateo 26:39)**
- Vivo sometido a los que Dios ha puesto en autoridad. **(Romanos 13:1-2)**
- Entiendo que los que están en autoridad han sido puestos por Dios. **(Hebreos 13:7)**
- Vivo de una manera que muestra respeto y sometimiento a otros. **(1 Pedro 2:13-14)**
- Honro a todas las personas y procuro apoyar y proteger su honor. **(1 Pedro 2:17)**

En vez de rechazo:

- Confío en el amor incondicional de Dios por mí. **(I Juan 3:1)**
- Perdono y bendigo a todos los que me han ofendido o rechazado. **(Mateo 6:12; Efesios 3:31-32)**
- Soy cariñoso/a y confiado/a incluso cuando temo que la gente me rechace. **(I Juan 4:18)**
- Estoy seguro porque nada me separará del amor de Cristo. **(Romanos 8:38)**
- Me gozo porque el Señor me ha rescatado y ha sido muy bueno conmigo. **(Salmos 13:1,5-6)**
- El Señor no me ha abandonado, pues Él es la fortaleza de mi vida. **(Salmos 27:1,10)**
- He sido escogido por Dios y no soy rechazado. **(Isaías 41:9)**
- No temo porque Él está conmigo para fortalecerme, ayudarme y sustentarme. **(Isaías 41:10)**
- Sé que el Señor se deleita grandemente en
- mí y se regocija sobre mí. **(Sofonías 3:17)**

En vez de vergüenza:
- Nunca seré avergonzado porque he puesto mi confianza en Él. **(Romanos 9:33)**
- Nunca seré avergonzado porque mi esperanza está en él. **(Salmo 25:3)**
- Me humillaré, oraré y Él perdonará mi pecado y me sanará. **(2 Crónicas 7:14)**
- Miraré a Él y me mostraré radiante; mi rostro nunca se cubrirá de vergüenza. **(Salmo 34:5)**
- Se me ha dado un nuevo corazón, y un nuevo espíritu dentro de mí. **(Ezequiel 36:26)**
- Estoy en Cristo Jesús; por tanto, ¡no hay condenación para mí! **(Romanos 8:1)**
- Nunca más seré avergonzado porque Dios ha hecho en mí maravillas. **(Joel 2:26)**
- Soy redimido y perdonado de todos mis pecados. **(Colosenses 1:14)**

En vez de incredulidad:
- Creo que Él existe y que recompensa a los que le buscan con diligencia. **(Hebreos 11:6)**
- Estoy seguro de lo que espero y tengo certidumbre de lo que no veo. **(Hebreos 11:1)**
- Pido y creo sin dudar porque el que duda es arrastrado por el viento. **(Santiago 1:6)**
- Tomo el escudo de la fe y apago las encendidas flechas del maligno. **(Efesios 6:13, 16)**
- Vivo por fe y no por vista. **(2 Corintios 5:7)**
- Mi fe no se apoya en la sabiduría humana, sino en el poder de Dios. **(1 Corintios 2:4-5)**
- Creo en Jesús, y no sólo haré lo que hizo Él, sino cosas aún mayores. **(Juan 14:12)**
- Mi fe estará entre los que Él halle cuando el Hijo del Hombre regrese. **(Lucas 18:8)**
- Recibiré todo lo que pida en oración porque creo. **(Mateo 21:22)**

En vez de falta de perdón:
- Perdono a otros, así como Dios en Cristo también me perdonó a mí. **(Efesios 4:32)**
- Él perdona todos mis pecados y sana todas mis enfermedades. **(Salmo 103:3)**
- Él perdona mis pecados como yo perdono a los que pecan contra mí. **(Mateo 6:12)**
- Yo perdono a los que pecan contra mí. **(Mateo 18:22)**
- Si tengo algo contra alguien, le perdonaré. **(Marcos 11:25-26)**
- Diré: Padre, perdónales porque no saben lo que hacen. **(Lucas 23:34)**
- Excusaré las faltas de otros y perdonaré a los que me ofendan. **(Colosenses 3:13)**
- Soy misericordioso, por lo cual, la misericordia de Dios vencerá en su juicio contra mí. **(Santiago 2:13)**
- Confieso mis pecados; Él es fiel y justo para perdonarme y limpiarme de mi pecado. **(1 Juan 1:9)**

En vez de autocompasión y de sentirme víctima:

- Estoy seguro porque nada me separará del amor de Cristo. **(Romanos 8:38)**
- Creo que Él se deleita en mí porque yo pongo mi esperanza en su amor infalible. **(Salmo 147:11)**
- Sé que el Señor se deleita grandemente en mí y se regocija sobre mí. **(Sofonías 3:17)**
- Perdono a otros como Dios en Cristo también me ha perdonado a mí. **(Efesios 4:32)**
- Yo ando en pos del Señor mi Dios, le temo, guardo sus mandamientos y le obedezco. **(1 Samuel 12:14)**
- Soy amoroso y confío aunque tema que la gente me rechace. **(1 Juan 4:18)**
- Pongo mi esperanza en su amor infalible y sé que sus ojos están sobre mí. **(Salmo 33:18)**
- No soy egoísta, sino que tengo en más alto concepto a otros que a mí mismo. **(Filipenses 2:3)**
- No busco mis propios intereses sino también los intereses de los demás. **(Filipenses 2:4)**
- Soy muy favorecido por Dios y Él está conmigo. **(Lucas 1:28)**

www.ingramcontent.com/pod-product-compliance
Lightning Source LLC
Chambersburg PA
CBHW061812290426
44110CB00026B/2861